예수님의 피의 권세
보혈기도

예수님의 피의 권세
보혈기도

초판 1쇄 인쇄 2015년 9월 15일
초판 1쇄 발행 2015년 9월 25일

지 은 이 정병태
펴 낸 이 박제언 외
펴 낸 곳 한사랑대학문화사
신고번호 제 2012-10 호
주　　소 서울시 금천구 남부순환로 120길 22, B01호
전　　화 010-5347-3390
e-mail jbt6921@hanmail.net
디 자 인 책공방
판권소유 한사랑대학문화사

이 책은 저작권법에 의해 보호를 받는 저작물이므로 무단전제 및 복제를 금합니다.
잘못 만들어진 책은 구입하신 서점에서 바꾸어 드립니다.

ISBN 979-27-　　03230

값 12,000원

예수님의 피의 권세

보혈기도

Prayer of the Precious Blood

Ph.D 정병태

한사랑대학문화사

먼저 우리는 주님의 보혈을
나의 머리부터 발끝까지 덮어달라고
기도해야 합니다.

우리의 씨름은 혈과 육을 상대하는 것이 아니요 통치자들과 권세들과 이 어둠의 세상 주관자들과 하늘에 있는 악의 영들을 상대함이라 (엡 6:12)

시작하는 글

이 〈보혈기도〉 마지막 원고를 묵상하며 점검하고 있을 때, 한 통의 알 수 없는 전화가 걸려왔습니다. 순간 성령이 주시는 기쁨으로 전화를 받았습니다. 아주 기쁘고 반갑게 정병태 목사님이냐고 묻더니, 그렇다고 대답하니까, 마치 오랫동안 보지 못했던 친구가 만나듯 반갑게 인사를 하시는 것입니다.

여기는 부산이고, 여러 번 전화를 했는데, 그 이유인 즉슨 〈이기는 대적기도〉 책을 읽는 도중에 성령님이 목사님께 전화를 해서 직접 기도를 받으라고 하여 전화를 했다는 것입니다. 영적으로 무질서하게 살아가는데, 거룩하고 맑고 혼잡하지 않도록 기도를 해 달라는 것입니다. 저도 성령님의 응답이라 생각하여 부탁하신 기도 제목 위에 보혈을 덮어달라고 크게 간절히 기도하였습니다.

그 보혈기도를 마치고 난 뒤, 원고도 마쳤습니다. 감사합니다. 성령님...

어느 날 밤 나는 깊은 꿈을 꾸다가 잠에서 깨어나 홀로 무릎을 꿇고 기도를 바치었습니다. 그리고 환상을 체험했습니다. 환상을 체험한 뒤 나는 악한 영들에게 보혈을 뿌리고 바르는 강력하고 거침없는 사역을 시작했습니다.

긴 시간 신앙생활을 하며 10년 동안 정규 신학교에 다녔지만 어느 곳에서도 기독교 신앙의 핵심인 예수님의 보혈에 대하여 깊게 접할 수가 없었습니다. 예수님을 믿는 가장 핵심은 보혈의 신앙을 믿는 것임에도 불구하고 어느 누구도 그리스도의 보혈에 대하여 자세히 가르쳐 주는 사람은 없었습니다. 책도 그리 흔하지 않았고 더욱이 설교도 접하기가 쉽지 않았습니다.

그래서 저는 예수님의 보혈의 능력을 연구하여 설교하기로 결단하였고, 그 보혈의 능력을 실천적으로 적용해 보며 말씀과 사례를 묶어 〈보혈기도〉라는 책을 만들게 되었습니다.

지금도 아벨의 피 소리는 생생하게 울려 퍼지고 있습니다(히 12:24).
우리는 그 보혈의 외침에 귀를 기울여야 합니다.
보혈에 대한 가르침이 없으면 기독교는 형식만 남은 죽은 교회, 가벼운 신앙인만이 배출되어지는 곳이 될 수 있습니다. 더 심각한 문제는 악한 사탄 마귀는 필사적으로 예수님의 보혈 메시지를 전하지 못 하도록 날뛰고 있다는 것입니다. 그래서 마지막 때에 살고 있는 우리들은 그 어느 때보다도 보혈 신앙을 가지어 굳건히 보혈설교와 보혈전도를 해야 합니다.

이 보혈기도의 책은 하나님의 명령에 순종하여 쓰게 되었습니다.
이 보혈기도의 책을 통하여 날마다 그리스도의 보혈의 능력을 체험하시기 바랍니다.

우리는 그리스도의 보혈을 통해서만이 죄로부터의 구원과 대적 사탄으로부터 승리할 수 있습니다. 우리 안에 거룩하게 거하는 생명의 능력이 활동하게 되어 삶에서 축복의 통로가 될 것입니다.

성경을 보십시오. 처음부터 마지막까지 "피"라는 말로 표현하고 있음을 알 수 있습니다. 성경에서 보혈이 주는 능력을 살펴보면, "피 없이는"(히 9:7) 하나님께 나아갈 수가 없고 하나님과 교제할 수도 없으며 하나님의 은혜를 누릴 수도 없다는 것을 알 수 있습니다.

그리고 그리스도의 보혈은 삶에 적용하는 즉시 은혜와 능력으로 나타납니다. 영, 혼, 육 그리고 땅, 건물, 공간, 마귀 세력들에게 뿌림으로 은혜와 능력을 경험하게 될 것입니다.

확신하는바, 이 보혈기도의 책을 읽다가 하나님의 축복이 임할 것입니다. 또한 죄를 씻어 희게 해 줄 것입니다. 하나님과의 교제도 더욱 친밀하게 해

줄 것이며, 악한 사탄 마귀를 이길 수 있는 능력을 부어주실 것입니다. 뿐만 아니라 놀라운 치유의 은혜도 경험하게 될 것입니다. 다양한 능력을 얻게 될 것입니다. 아멘.

오늘날 교회에 필요한 것은 더 많은 기관을 만드는 것도, 더 나은 프로그램을 만드는 것도 아닙니다. 새로운 조직을 세우는 것도, 참신한 전략을 더 기획하는 것도 아닙니다. 성령이 즉시 사용할 수 있도록 보혈이 묻어있는 사람으로 준비되어 있는 것입니다.

이 〈보혈기도〉 책이 세상에서 영적 지침서로 나올 수 있도록 여러 차례 원고 교정에 애써주신 박현영 자매, 오소정 자매, 그리고 오소연 자매님에게 감사의 뜻을 지면으로 남깁니다. 고맙습니다.

정병태 박사(Ph.D, Th.D)
한영신학대학교 신학대학원 실천신학 교수
한영부흥사훈련센터

차 례

시작하는 글 ·· 6
프롤로그 ·· 14

1장 보혈을 의지한 뜨거운 찬양 ···················· 25

그분의 피를 찬송합시다 ·· 27
보혈을 지나 ··· 30
샘물과 같은 보혈은 ·· 31
나 같은 죄인 살리신(Amazing Grace) ··· 33
나의 죄를 씻기는 ··· 37

2장 보혈로 의롭게 살라 ································ 39

피흘림 ··· 41
저주의 세력 끊기 ··· 43
보혈을 뿌리고 바르기 ·· 45
보혈을 뿌릴 때 주어지는 유익 ·· 47
강력한 보혈의 말씀 뿌리기 ··· 50
피의 신비 ··· 54
능력 있는 보혈의 말씀 외치기 ·· 56

3장 보혈을 뿌리고 바르는 실천 기도 ············ 69

실전 보혈기도 52 적용하기 ··· 71

　　1 보혈로 결박하여 파쇄하는 기도···74 / 2 보혈의 능력을 선포하는 기도···76
　　3 날마다 보혈을 뿌리는 기도···78 / 4 지체에 보혈을 뿌리는 기도···80
　　5 악한 사탄을 쫓아내는 보혈기도···82 / 6 쓴 뿌리를 뽑는 기도···85
　　7 치유기도···86 / 8 총애의 기도···88 / 9 피곤과 곤비를 씻는 기도···89
　　10 질병을 쫓는 기도···92 / 11 보혈을 의지한 기도···94
　　12 음란과 자살, 우울의 영을 쫓는 기도···97
　　13 부정적 혼의 결속을 끊는 기도···98
　　14 성령임재를 위한 기도···100 / 15 하늘 보좌를 움직이는 보혈기도···101
　　16 주님 영접기도···103 / 17 회복기도···104 / 18 단호한 보혈기도···106
　　19 가계의 흐르는 저주 끊는 기도···107

20 사탄 마귀의 참소를 파쇄하는 기도…112
21 유전적 대물림을 끊는 기도…113 / 22 용서의 기도…114
23 맹세를 끊은 기도…116 / 24 봉헌을 취소하는 기도…117
25 저주를 끊는 기도…119 / 26 말의 저주를 끊는 기도…120
27 죄성, 나쁜 습관을 불태워 버리는 기도…122
28 죄악에 드려졌던 가정이 회복되게 하는 기도…123
29 조상과 가문과 가정의 모든 죄를 회개하는 기도…124
30 구원과 해방을 위한 기도…127 / 31 구원의 은혜에 감사기도…129
32 교만함을 내려놓은 기도…131 / 33 보혈의 능력을 믿는 기도…133
34 죄책감을 내려놓는 기도…134 / 35 평안을 누리는 기도…136
36 불안, 초조, 공포를 멸하는 기도…137
37 나를 제단 위에 산 제물로 올려놓는 기도…139
38 삶의 문제를 회복시키는 기도…141 / 39 가난을 끊는 기도…143
40 분별하는 영의 기도…144 / 41 능력으로 드리는 기도…146
42 권능으로 드리는 기도…147 / 43 탐식의 영…148 / 44 간음의 영…150
45 탐욕의 영…152 / 46 분노의 영…154 / 47 우울감과 슬픔의 영…157
48 게으름의 영…158 / 49 교만의 영…159 / 50 비판과 비난의 영…160
51 혼미케 하는 영…162 / 52 지나친 애정의 영…163

4장 보혈의 가치 ·················165

사명을 감당하는 사역자 ················· 167
예수님이 피를 흘리신 이유 ················· 170
보혈로 임하셨던 예수님 ················· 173
보혈의 가치 ················· 174
세상에 오신 예수 그리스도 ················· 177
예수 그리스도의 수난 ················· 179

5장 피 뿌림의 능력 ·················181

작은 순교의 능력 ················· 183
뿌려진 보혈의 능력 ················· 185
정결케 하는 보혈의 능력 ················· 188

6장 피와 외침의 능력 · 193

- 피의 언약 · 195
- 최초의 옷 · 197
- 아벨의 피 외침 · 198
- 죄를 덮는 보혈 덮개 · 200
- 피의 기능 · 202
- 죄 사함의 능력 · 204
- 영원한 속죄 · 205

7장 되 사주신 '속량'의 능력 · 209

- 무조건적인 사랑 · 211
- 십자가의 피 · 212
- 완전한 대피소 · 214
- 속량(Redemption: 되 산다) · 215
- 속죄(贖罪:atonement: 보상, 갚음, 배상) · 217
- 구속 · 218

8장 희생양으로 오신 예수 · 223

- 유월절 어린 양(lamb) · 227
- 유월절의 능력 · 229
- 영적 문설주와 인방에 피를 바르라 · 230
- 대신 죽으심의 유사점 · 233
- 축제로서의 어린 양 예수 · 236

9장 대속죄일(代贖罪日) · 239

- 죄와 저주와 죽음을 전가시킴 · 241
- 대속죄일 · 243
- 속죄양이 되신 예수 · 245
- 성막의 모양 · 247
- 성막 문으로 들어가면 · 247
- 성막의 안 구조 · 249

지성소의 속죄소(속죄제 결재를 받는 곳) ···················· 250

10장 피로 세운 언약 ···················· 253

   어린 양의 피 ···················· 255
   보혈의 능력 ···················· 257
   회개의 능력 ···················· 258
   새로운 피의 언약으로 맺음 ···················· 261
   피 언약 맺음의 사건 ···················· 264

11장 보혈의 표를 지니고 있는가 ···················· 269

   보혈 밑에 ···················· 271
   구원 열차의 승차권 ···················· 273
   더 좋은 언약의 표 ···················· 274
   내가 피를 볼 때에... ···················· 277
   대신 죽으심 ···················· 279
   제단의 위에서 드리는 영적예배 ···················· 282

12장 보혈이 가져다 주는 구원의 축복 ···················· 287

   십자가의 승리 ···················· 289
   붉은 구원의 밧줄 ···················· 292
   보혈이 주는 성령 충만함 ···················· 296
   형통케 되는 복 ···················· 298
   저주가 끊어짐 ···················· 300
   질병에서 낫게 하심 ···················· 301
   마귀의 능력을 멸함 ···················· 303
   저자의 보혈 기도 ···················· 307

부록

   저자의 보혈 기도 ···················· 307
   실천나눔-보혈기도 학습 ···················· 311
   보혈 용어 정리 ···················· 358
   참고문헌 ···················· 363

프롤로그 •

> 하나님의 능력을 알려면
> 반드시 보혈의 능력을
> 알아야 합니다.

하나님은 살아계십니다!
오늘 보혈의 능력이 강력하게 임하게 하옵소서.
아멘.

만약 우리가 사탄이 건네는 달콤한 죄의 유혹에 조금이라도 넘어지게 된다면 그 죄의 중독성 때문에 죄를 쉽게 끊고 거부하지 못할 것이다. 그러므로 하나님의 향한 영적 여정의 삶을 살기 위해서는 먼저 영적 싸움이 반드시 선행되어야 한다.

참된 행복한 자가 되기 위해서는 우리의 안과 밖이 모두 무장되어 있어야 한다. 밖에서는 악한 영들이 공격해오고 안에서는 고약하고 나쁜 생각들이 활개를 치기 때문이다(마 7:20-23).

이러한 경계를 소홀히 할 때, 그 틈을 타 여지없이 사탄의 공격을 받고 급기야 악마의 덫에 걸려 넘어질 것이다.

현대에는 사탄 혹은 마귀가 더 교묘하고 현란하게 사람들을 현혹한다. 사탄은 우리 안팎에서 끊임없이 공격하며 우리로 하여금 하나님을 가까이 하지 못하도록 그리고 그분께 나아가지 못하도록 방해한다. 악한 영들의 실체도 모호해졌다. 영적 그리스도인들은 한시도 고요하게 가만 두지 않는 사탄과 혹독한 영적 싸움을 거쳐야 한다. 하나님을 향한 여정에 끊임없이 영적으로 싸워야한다. 이 영적 싸움에서 승리한다면, 마침내 참된 행복을 누리게 된다.

3세기에 그리스에서 전해 내려오는 이야기가 있다.
힘이 장사였으며 강에서 사람들을 어깨에 태우고 건너도록 도와주는 사람이 있었다. 그의 이름은 본시 레프로부스(신이 저버린 사람이란 뜻의 라틴어)였고, 그는 가나안 사람으로서 키가 크고 힘이 센 거인이었다.
어느 날 하루는 작은 소년을 어깨에 앉히고 세찬 강물을 헤치고 강을 건너게 되었는데 그 아이가 어찌나 무거웠던지 혼신의 힘을 다 하여 겨우 건너갔다. 건너편 강가에 다다랐을 때 소년은 그에게 "너는 하늘과 땅을 창조하신 분을 짊어졌었다. 그래서 너는 앞으로 그리스도 폴(그리스도를 나르는 자)이라 불려 질 것이다"라고 말했다고 한다. 그 뒤 그의 이름이 바뀌게 되었다.
 그런 '그리스도 폴'의 꿈은 세상에서 힘이 가장 센 왕 밑에서 신하가 되는 것이었다. 그런 왕을 찾아 한동안 섬겼는데, 그런데 그 왕은 악마를 가장 무서워하고 있었다.
 그는 왕을 세상에서 가장 힘이 센 사람으로 알았는데, 그것이 아닌 것을 알고 발길을 돌려서, 왕이 두려워하는 악마를 찾아 나섰다. 지상에서 힘이 센 왕이 그토록 무서워하는 것을 보면, 그 악마야말로 힘이 가장 센 자라고 확신했기 때문이다. 다시 그는 그 악마를 찾아가서 왕으로 섬겼는데, 알고 보니 그 악마는 십자가 앞에서 벌벌 떨고 있는 것이었다. 그래서 다시 악마를 떠나서 악마보다 힘이 센 십자가에 계신 분을 찾아 나섰다. 그리고는 수도원에 가서 십자가에 계신 분을 만나는 방법을 물어보니, 수도사님이 알려주었다. 그리고 마침내 그 분을 찾았다. 그는 그리스도라 불리는 예수였다.

 그리스도 왕께서 세계를 움직이시지만 세상 사람들의 마음을 움직이고, 나의 삶을 움직이는 왕이셔야 한다. 힘, 돈, 권력, 욕망은 물론이고 그 무엇도 예수님의 자리를 차지해서는 안 된다. 이 세상 아무것도 우리 마음을 지배하고 다스릴 자는 없다. 오로지 그리스도뿐만이 우리를 행복하게 해 주시고, 그리스도뿐만이 우리를 구원해 주신다. 오직 그리스도만을 왕으로 섬기고 모셔드려야 한다.

주님!
이 시간 예수님의 보혈찬송을 부릅니다.
주님의 보혈로 우리를 덮어 주옵소서.
저는 살아서 역사하시는 보혈의 외침과 그 능력이 생명을 지켜주심을 믿습니다.
주님, 저에게 주님의 보혈에 관해서 깨닫게 해 주시니 감사합니다.
주님 사랑합니다. 아멘.

예수의 피를 힘입어(1)

당신은 예수님의 보혈로 씻기고 있는가요?
주님, 나의 머리부터 발끝까지의 모든 것!
생각과 의지와 마음과 감정과 영혼을
예수 그리스도의 보혈로 씻어주시고
덮어 주옵소서. 아멘.

예수의 피를 힘입어(2)

예수님이 우리의 모든 죄와 연약함과
질병과 가난과 저주를 짊어지고 십자가에 달려
몸 찢기고 피 흘려 대신 죽으셨습니다.
우리는 그 보혈의 능력을 힘입어 죄 사함을 받고
병을 치유 받게 되었습니다. 아멘.

예수의 피를 힘입어(3)

2천 년 전에 십자가에서 창에 찔려
옆구리에서 흘러내린 예수님의 보혈은
지금도 동일하게 그 효력을 발휘하고 있습니다.
아멘.

예수의 피를 힘입어(4)

예수님의 보혈을 의지하는 사람은
과거, 현재 그리고 미래의 죄까지도 용서받고
악한 사탄 마귀와의 영적 전쟁에서
승리할 수 있는 능력이 있습니다.
그 예수 그리스도의 보혈을
증거하는 삶을 살아갑시다. 아멘.

예수의 피를 힘입어(5)

예수님의 보혈은 사탄 마귀를 멸하고
저주와 사망에서 구원하는 능력이 있습니다.
모든 질병을 고치는 치료의 능력이 있습니다.
그리고 새 생명으로 다시 살게 하는
부활의 능력이 있습니다.
또한 주님의 보혈은 축복과 천국의
소망을 주십니다.
지금 보혈의 능력을 체험하십시오. 아멘.

예수의 피를 힘입어(6)

주님, 내 마음 속에 들어오시옵소서.
그리스도 보혈의 피로 내 모든 것을 덮어 주옵소서.
그리스도 보혈의 피를 의지하며 주님께 나아갑니다.
생명을 부어 주시는 보혈의 능력을 경험하기를
간절히 원합니다. 그리스도 보혈의 신비를
경험하기를 간절히 원합니다.
주님, 그리스도 십자가 보혈로 저의 (상처) 의 근원
을 깨끗이 씻기어 주시고, 멸하여 주옵소서. 아멘.

1장

보혈을 의지한
뜨거운 찬양

1장 보혈을 의지한 뜨거운 찬양

그분의 피를 찬송합시다

요한계시록 7:9-14
이 일 후에 내가 보니 각 나라와 족속과 백성과 방언에서 아무도 능히 셀 수 없는 큰 무리가 나와 흰 옷을 입고 손에 종려 가지를 들고 보좌 앞과 어린 양 앞에 서서
큰 소리로 외쳐 이르되 구원하심이 보좌에 앉으신 우리 하나님과 어린 양에게 있도다 하니
모든 천사가 보좌와 장로들과 네 생물의 주위에 서 있다가 보좌 앞에 엎드려 얼굴을 대고 하나님께 경배하여
이르되 아멘 찬송과 영광과 지혜와 감사와 존귀와 권능과 힘이 우리 하나님께 세세토록 있을지어다 아멘 하더라
장로 중 하나가 응답하여 나에게 이르되 이 흰 옷 입은 자들이 누구며 또 어디서 왔느냐
내가 말하기를 내 주여 당신이 아시나이다 하니 그가 나에게 이르되 이는 큰 환난에서 나오는 자들인데 어린 양의 피에 그 옷을 씻어 희게 하였느니라.

어린양을 찬송합시다.
십자가를 찬송합시다.
그분의 피를 찬송합시다.
정결케 하는 보혈찬송은 능력입니다.

스프링클러라는 물을 뿌리는 기계로 밭에 심은 과일나무나 채소, 화초에게 물을 뿌리는 것을 종종 볼 수 있습니다. 물을 뿌리는 것은 죽어가는 작물을 살리려고 뿌리는 것입니다. 이와 같이 강력한 보혈기도를 증거하는 이유는 악한 사탄 마귀의 밥이 되어 죽어가는 영혼들을 살아나게끔 보혈을 뿌려야 하기 때문입니다(벧전 1:2 ..예수 그리스도의 피 뿌림을 얻기 위하여..).

모든 나라와 족속에서 구원받은 백성이 큰 무리를 이루어 하나님과 어린양을 마음껏 찬양하는 감격의 순간이 올 것입니다. 천사들도 표현할 수 있는 칭송의 말로 하나님을 높이는 데 집중합니다. 구원의 주님을 찬양하는 데에만 입이 있어도 부족합니다.

하나님께 찬송을 올리는, 흰옷 입은 자들은 큰 환난 속에서 믿음을 지키고 '어린양의 피'를 의지한 거룩한 사람들입니다. 우리는 예수님의 보혈을 의지할 때 사탄의 권세와 세상 유혹을 물리칠 수 있습니다. 어린양의 피만이 우리를 깨끗하게 하고 온전하게 합니다(계 7:9-14).

하나님의 마음을 품고 천사들이 함께 찬양을 부를 수 있도록 보혈의 찬양이 충만히 흐르게 해야 합니다. 항상 사역과 예배에 앞서 충분한 찬양을 불러야 합니다. 그 때 찬양 속에 하늘 문이 열리는 환상을 체험하게 됩니다. 하나님의 음성이 들려오게 되는 것입니다. 하늘의 비밀, 영적 비밀의 문이 열려집니다. 하나님의 임재와 치유가 일어납니다.

회개하는 마음으로 찬양하고 감사의 고백으로 찬양을 합니다. 그러면 이미 찬양 속에서 하나님의 만지심을 경험하게 됩니다. 그래서 저는 사역과 예배 전에 충분히 찬양을 부릅니다. 아주 많이 부르는 것이 좋습니다. 그리고 찬송을 뜨겁게 부르면 뜨거운 성령의 역사가 일어납니다.

〈삼상 16:23〉에 보면 사울 왕이 악신 들렸습니다. 그때 소년 다윗이 수금을 탔는데 악신이 떠나가고 사울 왕이 상쾌하게 되었습니다.

또한 성장하는 교회들의 공통적인 특징은 찬양이 뜨거운 교회입니다. 예배 때마다 찬양이 얼마나 뜨겁고 몸 찬양이 아름다운지 모릅니다. 성령의 역사로 폭발적인 성장을 이루었던 초대교회도 찬양이 뜨거웠습니다.

구약시대인, 다윗시대에도 찬양대가 4천명이었고(대상 23:5), 하나님의 뜻에 합한 사람이었던 다윗은 수없는 시를 지어 하나님을 찬양했습니다.

- 찬양을 부르면 하나님의 은혜를 입게 됩니다.
- 찬양을 부르면 왠지 나도 모르게 기뻐집니다.
- 찬양을 부르면 온갖 두려움이 사라집니다.
- 찬양을 부르면 사탄이 물러갑니다.
- 찬양을 뜨겁게 부르면 기적이 일어납니다.
- 찬양을 뜨겁게 부르면 부흥의 역사가 일어납니다.
- 찬양을 뜨겁게 부르면 치유의 역사하심이 나타납니다.

오늘날에도 보혈찬송을 부르면 강력한 임재와 역사가 일어납니다.

여전히 부흥하는 곳에는 기쁨의 보혈찬송을 부르고 있었습니다. 예수 그리스도의 보배로운 피를 믿는 사람들은 여전히 예수님의 피를 찬양합니다.

지금 보혈찬송을 부릅시다.

보혈을 지나

진정한 회개는 보혈을 지나야 합니다.

예수님께서는 십자가에 매달려 죽으심으로 강하고 진한 보혈을 보여주셨고 보혈엔 능력이 있음을 알게 해 주었습니다. 그래서 그 보혈을 지나 우리는 하나님의 품에 안기게 됩니다. 죄를 씻으므로 하나님께 속하게 됩니다.

이 '보혈을 지나'는 1999년에 만들어진 곡입니다. 이 찬양 곡을 만든 김도훈 목사님은 기도 중에 환상을 보았습니다. 그 환상은 십자가 앞에서 한 방울 한 방울 보혈이 흐르기 시작하더니, 그 보혈이 시내를 이루고 강을 이루고 마침내 폭포수처럼 흐르는 것이었습니다. 그리고 그 보혈을 지나 하나님의 보좌로 나아가는 영혼들은 새롭게 변화가 되는 환상이었습니다. 이 환상을 본 뒤 목사님은 다음과 같은 찬양 시를 지었습니다.

보혈을 지나

보혈을 지나 하나님 품으로
보혈을 지나 아버지 품으로
보혈을 지나 하나님 품으로
한 걸음씩 나가네

보혈을 지나 하나님 품으로
보혈을 지나 아버지 품으로
보혈을 지나 하나님 품으로

존귀한 주 보혈이 내 영을 새롭게 하시네
존귀한 주 보혈이 내 영을 새롭게 하네

샘물과 같은 보혈은

영국의 고전 문학가인 윌리암 카우퍼(William Kauper)는 찬송가 258장 '샘물과 같은 보혈은'의 작사자입니다. 그는 6살 때 어머니를 잃은 충격으로 깊은 우울증에 빠졌습니다. 그리고 이로 인해 자살도 여러 번 시도했습니다.

한번은 안개가 자욱이 낀 날, 아편을 사들고 템즈 강에 투신자살할 마음으로 달렸는데도 템즈 강이 나오지를 않았습니다. 카우퍼는 마차를 멈추게 하고 내려 보니 자기 집 대문 앞이었습니다. 마부가 길을 찾지 못하고 그 근방만 뱅뱅 돌았던 것입니다.

또 한번은 칼로 자살하려고 결심했는데, 칼을 찾아보니 멀쩡하던 칼날이 부러져 있었습니다. 또 한번은 목을 매서 죽으려고 한 적도 있었는데, 이번에는 숨이 끊어지기 전에 줄이 끊어져서 또 살아났습니다. 그런 뒤, 그는 성경을 읽다가 〈로마서 3장 25절〉 "이 예수를 하나님이 그의 피로써 믿음으로 말미암는 화목제물로 세우셨으니 이는 하나님께서 길이 참으시는 중에 전에 지은 죄를 간과하심으로 자기의 의로우심을 나타내려 하심이니"라는 말씀을 읽고 성령의 깊은 감동을 받았습니다. 그러자 평생을 우울증에 시달리던 그의 마음속에 기쁨이 샘솟기 시작했습니다. 건강도 점차 회복되었습니다. 불안감이 떠나갔고 보혈을 의지해서 시를 지었는데, 그 중 하나가 바로 찬송가 258장 '샘물과 같은 보혈은'입니다.

마귀가 와서 "너는 죄인이다, 너는 하나님의 사랑을 받지 못한다, 너는 버림을 받았다"고 공격할 때마다 윌리암 카우퍼는 이 보혈의 찬송을 불러 승리하였습니다.

샘물과 같은 보혈은

샘물과 같은 보혈은 주님의 피로다
보혈에 죄를 씻으면 정하게 되겠네
정하게 되겠네 정하게 되겠네
보혈에 죄를 씻으면 정하게 되겠네

저 도적 회개 하고서 보혈에 씻었네
저 도적 같은 이 몸도 죄 씻기 원하네
죄 씻기 원하네 죄 씻기 원하네
저 도적 같은 이 몸도 죄 씻기 원하네

죄속함 받은 백성은 영생을 얻겠네
샘 솟듯 하는 피 권세 한 없이 크도다
한 없이 크도다 한 없이 크도다
샘 솟듯하는 피 권세 한 없이 크도다

날 정케 하신 피 보니 그 사랑 한없네
살 동안 받는 사랑을 늘 찬송하겠네

늘 찬송하겠네 늘 찬송하겠네
살 동안 받는 사랑을 늘 찬송하겠네

이 후에 천국 올라가 더 좋은 노래로
날 구속하신 은혜를 늘 찬송하겠네
늘 찬송하겠네 늘 찬송하겠네
날 구속하신 은혜를 늘 찬송하겠네. 아멘.

나 같은 죄인 살리신(Amazing Grace)

  다음의 짧은 곡은 희망이 없는 이들에게 희망을 주고 굳고 딱딱한 마음을 부드럽게 만들어 주었습니다. 미국의 남북전쟁 때 이 찬양은 남북군 모두에게 불려졌고, 눈물의 행로의 체로키 인디언은 이 찬양을 죽은 이를 위한 애가로 사용했습니다. 민권 시위대들은 이 노래를 자유를 위한 행진 때 불렀습니다.

  찌는 듯이 더웠던 8월, 마틴 루터 킹이 그의 꿈을 나누었던 바로 그날에도, 넬슨 만델라가 석방되었을 때도 그리고 독일의 분단됐던 베를린 장벽이 무너졌을 때도, 9월 11일 미국 테러로 빌딩이 무너질 때 애통하는 전 세계를 위로하기 위해 이 찬양을 불렀습니다. 태풍 카트리나로 인해 많은 사람들이 수퍼돔으로 대피를 할 때도, 타락한 도시의 영적 각성을 위해서도 이 찬양은 불러졌습니다.

이렇게 여러 시대와 상황 가운데서 사람들의 마음을 위로하며 불러졌던 찬양은 찬송가 305장 '주의 놀라우신 은혜(Amazing Grace)'입니다. 이는 존 뉴턴 목사님이 1779년에 작시한 곡입니다. 이 곡은 역대상 17장 16-17절을 근거하여 작사되었습니다.

존 뉴턴(John Newton)은 1725년에 7월 24일 영국 런던에서 선장의 아들로 출생하였습니다. 그의 모친은 독실한 크리스챤이었고 부친은 뱃사람이었습니다. 그의 모친은 존 뉴턴이 6세 되던 때에 하나님의 부르심으로 소천하였습니다. 그 이후 존 뉴턴은 커가면서 방황과 배도의 길로 끝없이 달려갔습니다. 그는 밤새 술을 마시고 창기와 어울렸습니다. 그 후 그는 전쟁으로 인해 군인이 되었으나 탈영하였고 노예선의 포로가 되어 15개월간 포로 생활을 하였습니다.

그의 입은 온갖 잔인한 저주와 불경스러운 말을 거침없이 내뱉으며 그의 성격은 나날이 사악하고 포악해져 갔습니다. 결국 그는 노예선에서 가장 포악해져 노예선의 실권을 장악하기 이르렀고 결국엔 노예를 사고파는 포악한 노예선의 선장이 되었습니다.

그는 아프리카 서부 시에라리온의 해변 마을을 돌아다니며 맥주와 사과 술 등과 맞바꾼 노예들을 카리브 해 농장에 팔았습니다. 또한 그는 노예들을 족쇄와 폭력으로 잔인하게 학대하고 죽였으며 팔았습니다.

한 번은 노예무역을 끝내고 집으로 향하던 중 큰 폭풍우를 맞아 배는 난파되었고 죽음의 위험 앞에 서게 되었습니다. 이 때, 그는 신앙이라고는 전혀 없었으나 어린 시절 어머니께서 가르쳐 준 기도가 생각났습니다. 그는 다급하게 하나님께 기도드렸고 만일 하나님이 살아계신다면 자신은 용서받을 수 없다고 생각하며 최악의 상황만을 기다렸습니다.

그러나 주님은 존 뉴턴의 기도를 들으셨고 배가 난파된지 4주 후 존 뉴턴과 노예선의 선원들은 구조되었습니다.

그는 그 후 토머스 아 켐피스의 "그리스도를 본받아"를 읽고 예수님을 구주로 영접한 후 노예무역을 그만두었고 노예무역을 반대하는 사람이 되었습니다.

그는 목사가 되어 버킹검에서 16년, 올니 교회에서 27년간 봉사를 하였습니다. 그는 잔인하였고 포악하였으며 추악하고 더러웠으나 기도를 들으시고 용서해주신 놀라운 하나님의 은혜에 기초하여 "Amazing Grace"라는 찬송가를 지었습니다. 그의 인생의 고백이기도 한 이 찬송가는 주님의 놀라운 사랑을 담고 있습니다.

존 뉴튼은 '아무리 주님이 나의 죄를 다 용서하셨다고 하지만, 과연 나 같은 노예 상인을 용서하셨을까?'라는 의문이 들면서 문득문득 자신의 과거가 떠오를 때면 온몸에 소름이 돋고 두려움에 마음이 떨렸다고 합니다. 그럴 때마다 그는 벽에다 써 붙여놓은 〈이사야 43:4〉의 "내가 너를 보배롭고 존귀하게 여기고 너를 사랑하였노라"는 말씀을 보고, 되뇌면서 위로를 받고 다시 회복되곤 했었다고 고백했습니다.

그는 1807년 12월 21일, 82세의 나이로 하나님의 부르심을 받았습니다. 그는 숨을 거두면서 "나는 지금 하나님 나라로 간다. 그러나 내가 하나님 나라에 가면 아마 세 번 놀랄 것이다. 처음에는 하나님 나라에 오리라고 전혀 기대하지 않았던 사람들이 와 있는 것을 보고 놀랄 것이고, 두 번째는 하나님 나라에 가면 반드시 만나리라고 기대했던 사람이 안 보이는 것을 보고 놀랄 것이며, 세 번째로 노예 상인인 내가 그 자리에 와 있다는 것을 보고 놀랄 것이다"라고 하는 유명한 말을 남겼습니다.

나 같은 죄인 살리신

나 같은 죄인 살리신 주 은혜 놀라워
잃었던 생명 찾았고 광명을 얻었네

큰 죄악에서 건지신 주 은혜 고마워
나 처음 믿음 그 시간 귀하고 귀하다

이제껏 내가 산 것도 주님의 은혜라
또 나를 장차 본향에 인도해 주시리

거기서 우리 영원히 주님의 은혜로
해처럼 밝게 살면서 주 찬양 하리라.
아멘.

나의 죄를 씻기는

히 13:12
그러므로 예수도 자기 피로써 백성을 거룩하게 하려고 성문 밖에서 고난을 받으셨느니라

가장 대표적인 보혈찬송가로 많이 불려지는 곡은 바로 찬송가 252장입니다. 제가 가장 많이 부르며 의지하는 찬송가이기도 합니다.

이 찬송은 미국의 로버트 로리(Robert Rori) 목사님의 시에 곡을 붙인 찬송가입니다.

미국에 남북전쟁이 났을 때의 일입니다. 뉴욕에 전염병이 일어나서 수많은 사람들이 죽었습니다. 이를 본 로버트 로리 목사는 깊은 절망에 빠졌습니다. 그의 교인 중에서도 많은 사람들이 죽었고, 중태에 빠진 사람들도 있었습니다. 도무지 희망이라고는 찾아볼 수 없었습니다. 그런데 하루는 그가 교인의 집을 방문하고 집에 돌아와 잠시 눈을 붙였는데 꿈속에 예수님이 나타나셨습니다. 예수님은 하늘 문을 여시고 피 묻은 손을 보여 주셨습니다. 그때 로리 목사는 인간의 모든 죄악과 불행, 분열의 문제가 예수님의 "피 묻은 손"으로 해결될 수 있다는 사실을 깨달았습니다.

그는 그 자리에서 벌떡 일어나 정신없이 시를 쓰기 시작했습니다. 그래서 나온 찬송이 바로 252장의 "나의 죄를 씻기는" 찬양입니다.

나의 죄를 씻기는

나의 죄를 씻기는 예수의 피 밖에 없네
다시 정케하기도 예수의 피 밖에 없네

나를 정케하기는 예수의 피 밖에 없네
사죄하는 증거도 예수의 피 밖에 없네

나의 죄 속하기는 예수의 피 밖에 없네
나는 공로 없도다 예수의 피 밖에 없네

평안함과 소망은 예수의 피 밖에 없네
나의 의는 이것뿐 예수의 피 밖에 없네

영원토록 내 할 말 예수의 피 밖에 없네
나의 찬미 제목은 예수의 피 밖에 없네

- 후렴
예수의 흘린 피 날 희게 하오니
귀하고 귀하다 예수의 피 밖에 없네

2장

보혈로 의롭게 살라

2장 보혈로 의롭게 살라

피흘림

히 9:22
율법을 따라 거의 모든 물건이
피로써 정결하게 되나니
피흘림이 없은즉 사함이 없느니라

레이시(Al Lacy)의 '예수님의 피 바로 알기' 책을 보면 다음의 이야기가 나옵니다. 네덜란드의 로테르담에 있는 시장(市場)에는 오랫동안 '천 가지 공포의 집'이라 알려진 구식의 집이 한 모퉁이에 있었습니다. 16세기 경 네덜란드 사람들은 스페인의 잔인한 필립 2세에 대항하여 반란을 일으켰습니다. 그러자 필립 왕은 반란을 진압하기 위하여 알바 공의 지휘 아래 많은 군대를 보냈고, 로테르담은 몇 주간 저항했지만 끝내 항복했습니다.

잔인한 정복자들은 이 집 저 집을 다니며 로테르담 시민들을 찾아내어 그들의 집에서 그들을 무자비하게 학살하였습니다. 칼이 모든 집을 피로 물들이고, 사람들의 차가운 비명소리와 울부짖음이 시 전체를 뒤흔들었습니다. 겁에 질린 남녀들과 어린아이들의 무리는 정복자들의 무서운 발자국 소리가 가까이 접근해 옴을 들었을 때 그 모퉁이 집으로 숨었습니다. 필립 왕의 잔인한 군인들이 다가오고 있었습니다. 말 그대로 '천 가지 공포'가 그들의 마음을 죄었습니다.

그때 그들 가운데 한 젊은이가 갑자기 한 가지 꾀를 생각해 내었습니다. 그 집의 뒷뜰에는 염소 한 마리가 있었습니다. 그는 달려 나가 염소를 가져다가 칼로 죽여 그 피를 문 안쪽에 뿌렸습니다. 그 뒤 그는 피가 문 입구에 흘러나가도록 빗자루로 피를 문에다 발랐습니다.

드디어 군인들이 그 집에 도착했고 문을 차고 들어갈 준비를 하고 있었습니다. 이때 군인들 중 한 명이 문 밑으로부터 흘러나온 선명한 피를 가리키며 다른 군인들에게 말했습니다. "다른 곳으로 가자. 우리 동료들이 이미 여기에 왔다 갔다. 문 밑으로 흘러나온 피를 봐라." 그러고는 그 집을 지나갔습니다. 집안에 모여 있던 사람들은 그 피로 인해 죽음을 면했습니다.

필립 2세는 자기의 통치에 대한 반란의 죄로 로테르담 시민들을 정죄하고 모조리 죽였습니다. 그러나 오직 피로 말미암아 그 모퉁이 집에 숨은 사람들은 목숨을 건졌습니다. 바로 이와 같이 예수 그리스도의 피로 의롭게 된 사람들도 영원한 죽음을 면할 것입니다.

왜 하나님의 아들 예수 그리스도가 십자가 위에서 보혈을 흘리셨을까요? 왜 '나의 하나님, 나의 하나님, 어찌하여 나를 버리셨는가?'라고 십자가에서 절규하시면서 피를 뚝뚝 떨어뜨리시고 쏟았을까요?

바로 저와 여러분의 죄와 사망, 질병과 고통과 문제로부터, 가난과 불행으로부터 건져내셔서 의와 생명으로, 그리고 기쁨과 천국의 행복으로 인도하시기 위해 보혈을 흘리셨습니다. 그러므로 이제 우리는 행복과 기쁨을 누려야 합니다. 이제 시편 43편 4절 말씀을 고백할 수 있습니다.

"내가 하나님의 제단에 나아가 나의 큰 기쁨의 하나님께 이르리이다 하나님이여 나의 하나님이여 내가 수금으로 주를 찬양하리이다"

저는 예수님의 십자가 피를 떠나서는 어느 누구도 구원받을 수 없으며 오직 보혈로만 생명을 얻을 수 있다는 참 진리를 온 세상에 선포할 것입니다.

또한 예수님의 보혈에는 영적 전쟁을 이기는 전략과 방법과 원리가 있음을 알기에 거침없이 전할 것입니다.

저주의 세력 끊기

영적 전쟁은 그냥 덮어놓는다고 해결될 수 있는 것이 아닙니다.

가계에 흐르는 저주의 세력, 삶을 불행하게 만드는 저주의 세력, 그리고 집안 식구들에게 흐르는 질병의 세력을 예수의 피로 끊고 차단시켜야 합니다. 가난, 질병, 음란, 이혼, 폭력, 중독, 분노, 단명과 정신병 등의 부정적인 원인들의 80% 이상이 선대로부터 현재로 이어지는 가계력에 원인이 있기에 이를 찾아 차단하고 끊어버려야 합니다.

다음은 성경에 나타난 저주의 실례들입니다.

인류의 조상 아담과 하와의 범죄를 통해 전 인류는 죄인이 되었습니다(롬 5:12-19).

아간의 범죄 때문에 전 가족의 죽음을 가져왔습니다(수 7:24-25).

엘리 제사장이 자신의 자녀들의 죄를 방관한 죄를 통해 자녀들과 온 가족에게 하나님의 저주가 임했습니다(삼상 2:12-17, 22-33, 3:13-14).

고라, 다단, 아비람 세 가족의 가장이 모세에게 반역하는 죄를 통해 그들의 전 가족이 하나님의 심판을 받았습니다(민 16:1-33).

여로보암 왕의 우상숭배 죄는 자신들 및 전 국가에 저주를 몰고 왔습니다(왕상 14:9-18).

우리가 잘 아는 대로 다윗 왕은 밧세바를 얻기 위하여 그 남편 우리아를 죽였습니다. 이 사건을 통해 하나님은 다윗의 집에 칼이 떠나지 않을 것을 저주하셨습니다. 다윗의 성적 범죄로 그의 자녀들의 음란의 뿌리를 제공하고 말았습니다(삼하 12, 13, 16, 왕상 11).

저주(curse)란 정확히 알 수 없는 원인으로 조상들로부터 내려오는 악한 영들의 활동을 의미합니다. 실제로 저주가 임하는 행동들을 보면, 이단종교에 빠지거나 하나님을 의도적으로 훼방할 때 일어납니다. 특히 우상종교, 매춘, 포르노, 주술, 강신술, 점, 사탄숭배, 우상제사, 폭력, 마약, 살인, 불효, 사기, 범죄 등등의 행위들은 저주를 불러들이는 통로가 됩니다.

그 외 증상별 나타나는 결과들을 보겠습니다.

각종 질병에 시달림 - 유전병, 정신분열, 불면증, 우울증, 조울증.

가정이 형통치 않음 - 이혼, 자살, 유산, 방탕, 가출, 가난, 음란.

중독증세 - 알코올, 마약, 도박, 게임중독, 지나친 운동.

혈기 - 분노, 화, 폭력, 폭언, 구타, 억압, 말이 악하고 거침(욕).

신앙생활 - 미지근함, 응답이 없음, 기쁨과 감사가 없음 등.

여기서 가장 중요한 죄는 십계명 1계명과 2계명을 어긴 죄입니다.

신비력과 관계되는 죄악들 - 굿, 부적, 사주팔자, 최면술, 화투점.

사탄의 맹세, 계약, 헌신 등 - 자녀들을 무당이나 중에게 수양.

어머니 삼는다고 넘겨주고 절에 이름을 올리거나 굿을 하거나 제사드릴 때 시중을 든 경우.

성적인 죄악들 - 근친상간, 짐승들과의 교접, 강간, 야동, 동성애 그리고 부모에게 불효.

특별한 직업 - 강도, 도둑, 술집, 음란에 관계된 사업, 사기꾼.
등등.

그럼 먼저 성경적 근거를 몇 개 살펴보고자 합니다.
"까닭 없는 저주는 참새가 떠도는 것과 제비가 날아가는 것 같이 이루어지지 아니하느니라"(잠언 26:2).

저주가 임하는 것을 원하는 사람은 아무도 없습니다. 그러나 저주가 임하는 것은 반드시 이유가 있고 알려진 합법적인 통로가 있습니다. 저주의 뿌리를 찾아서 끊어야 합니다. 다음의 〈출애굽기 20장 5절〉의 말씀을 통해 더욱 확신을 가질 수 있습니다. "그것들에게 절하지 말며 그것들을 섬기지 말라 나 네 하나님 여호와는 질투하는 하나님인즉 나를 미워하는 자의 죄를 갚되 아버지로부터 아들에게로 삼사 대까지 이르게 하거니와" 다음은 〈애가서〉 5장 7절의 말씀입니다. "우리의 조상들은 범죄하고 없어졌으며 우리는 그들의 죄악을 담당하였나이다" 그리고 〈신명기 28장 20-68절〉은 말씀의 불순종으로 받는 저주가 있음을 알려 주고 있습니다.

보혈을 뿌리고 바르기

우리는 예수 그리스도의 십자가의 능력이 질병과 저주를 다 지셨다는 말씀을 복용해야 합니다. 아무리 효능이 좋은 약이라도 먹지 않으면 소용이 없듯이 예수의 피를 온전히 의지해야 합니다.
한 번은 시골에서 잡초들을 죽이기 위해 제초제를 뿌리는 것을 보았습니다. 말려 죽이는 강력한 제초제를 뿌리면 토질을 황폐화시켜 더 이상 잡초가 자랄 수 없게 됩니다. 이와 같이 강력한 예수의 피를 뿌리고 바르면 악한 영들의 저주를 끊을 수 있습니다.

지난 날 신학대학교 시절 하나님은 성령을 보내시어 보혈의 환상을 보게 하셨습니다. 밤마다 자동차로 사람을 치는 끔찍한 환상을 보여 주시거나, 또는 자동차 앞 유리창에 피가 가득 묻어 있는 것을 보여 주셨습니다. 물론 보혈을 의지하고 대적하여 승리하게 하셨습니다.

보혈을 의지하지 않은 영혼은 악한 사탄이 침투하여 괴로움을 줄 수 있음을 경험하게 하셨습니다. 그리고는 보혈의 능력이 있어야 함을 강력하고 생생하게 음성으로 들려 주셨습니다. 잠에서 깬 저는 보혈을 뿌리고 외쳤습니다. 또한 보혈설교를 하게 하심에 따라 보혈설교를 하였습니다. 그리고 그 때 준비한 실질적인 보혈설교를 책에 실었습니다.

신앙생활을 처음 하는 사람들이나, 또 오래했다 하더라도 "보혈의 능력과 보혈기도"가 무엇인지, 무엇을 말하며 그 보혈의 능력이 어떤 것인지 잘 모르는 사람들이 있습니다. 또 많은 사람들은 보혈에 크고 작은 의문을 가지고 있기도 합니다.

한 예로 삶에 의욕이 없고 무기력하며 우울하다면, 기운이 떨어져 다 귀찮다면 분명한 이유 중 하나는 그의 안에 생동의 능력인 보혈의 능력이 없기 때문입니다. 성령을 통하여 보혈의 능력을 끊임없이 받기만 하면 영원한 생명, 영원한 구속, 영원한 승리, 영원한 기쁨, 영원한 신비를 경험하게 될 것입니다.

예수님의 보혈, 즉 그리스도의 피는 우리 몸에서 생명력을 유지하게 하는 정화의 일을 합니다. 그리고 우리를 깨끗하게 하고 살아계신 하나님을 믿고 섬길 수 있게 해 주는 능력도 갖고 있습니다. 보혈의 능력이 나를 지배하고 있으면 영적으로 결코 늙지 않는 젊음을 지니게 되며, 시들지 않는 영원한 생명력을 가지게 합니다.

실제로 피는 언제나 영원토록 유효하고 싱싱합니다. 그리고 독립된 생명의 능력을 소유하고 있습니다. 오직 피를 통해서만 온전해지며, 능력을 발휘할 수 있습니다.

죄로 말미암의 결과는 사망입니다. 죄가 사해지지 않는 한 인간은 하나님께 나아갈 수 없습니다. 하나님과 인간 사이를 가로막는 벽, 그 가로막고 있는 장애물이 제거되지 않는 한 우리는 하나님의 품으로 들어갈 수 없습니다. 주님은 이 문제를 해결하기 위해서 십자가에 달리셔야만 했고, 우리를 대신하여 피를 흘리셔야 했습니다. 그래서 피는 생명과 능력의 대표적인 상징인 것입니다.

보혈을 뿌릴 때 주어지는 유익

가문에 흐르는 부정적인 영향력들에게 강력한 보혈을 뿌리고 발라야합니다. 이유 없이 교회나 목회자, 교인을 비난하거나 핍박하는 것은 저주의 세력입니다. 가계에 내려오는 유전적 질병의 저주 세력, 이런 세력을 끊지 않으면 계속해서 반복적으로 일어납니다. 최근에 들었습니다. 40대 초반의 어머니가 두 자녀를 남기고 급성 백혈병으로 죽었다는 소식을 듣고, 이유를 물어보니 집안 내력으로 부모님들이 같은 병으로 죽으셨다는 것입니다. 조상이 행한 맹세나 봉헌으로 내려오는 저주의 세력, 가난과 궁핍, 거짓, 범죄 등에 흐르는 저주를 끊어야 합니다. 축복으로 바꾸어 놓아야 합니다.

먼저 보혈을 뿌릴 때 주어지는 유익의 결과를 보면 아래와 같습니다. 다음의 열 가지 유익이 있음을 기억하시고 담대하게 우리의 삶에 적극적으로 보혈을 뿌리고 바르시기 바랍니다. 예수님의 피를 의지하십시오.

하나, 십자가의 피로 구원받고 의롭게 된다.

둘, 더 담대히 하나님 앞에 나아가 하나님과 교제할 수 있게 해 준다.

셋, 우리 안에 있는 죄의 속성에서 정결하게 해준다.

넷, 자신을 더욱 거룩한 모습으로 성화되게 해준다.

다섯, 예수님의 보혈은 성령충만함을 입게 해준다.

여섯, 당신을 영적 은사와 부흥을 경험하게 해준다.

일곱, 우리의 영혼육의 질병을 치유하게 해준다.

여덟, 사탄의 세력으로부터 보호와 그 세력이 물러가게 해준다.

아홉, 영적인 눈이 열려 주님을 보는 영광을 누리게 된다.

열, 피를 의지함으로 승리케 해준다.

참으로 예수님의 보혈을 뿌릴 때 많은 은혜를 가져다 줍니다. 그리고 능력을 발휘하게 해 줍니다. 현재 삶 가운데 능력을 발휘하기 위해서 늘 예수님의 보혈을 선포하고 찬양할 뿐 아니라 수시로 우리 자신과 가정과 직장 등 삶에 뿌려야 합니다. 원인을 찾아내어 예수님의 보혈을 문제 위에 뿌리고 바르십시오.

먼저 자신의 모든 죄를 철저하게 구체적으로 하나하나 다 회개하며 고백하십시오. 이것이 저주를 끊는 첫 단계입니다. 성령님께서 당신이 있는 기도 장소에 충만히 임재하시고 있음을 고백해야 합니다. 그리고 나서 두 번째 단계로 예수님의 보혈이 우리의 몸의 각 지체 부분들에 구체적으로 뿌려지고 발라지는 것을 바라보며 기도하십시오. 예수님의 보혈이 자신의 온몸과 마음에 덮어짐으로, 악한 사탄 마귀의 세력들이 도저히 공격할 수 없음을 믿음의 눈으로 바라봐야 합니다. 반드시 예수의 피로 끊어야 합니다. 그리스도의 피는 우리를 정결케 하고 저주의 세력을 끊는 능력의 도구입니다.

자신이 정결케 되고 치유되고 회복되며 또 악한 사탄 마귀의 세력으로부터 보호받게 된 것에 대해 전심으로 하나님을 찬양하고 감사드리십시오.

저주를 복으로 바꾸어야 합니다. 강력한 예수의 보혈을 뿌리고 발라서 복을 누려야 합니다.

가계의 영적 뿌리를 끝까지 추적하십시오.
당신의 삶과 가계 위에 역사하시는 하나님의 권세를 주장하십시오.
예수 그리스도의 피의 능력을 가계에 적용하십시오.
당신 가계에 저주와 악영향을 가져온 조상을 용서하십시오.
당신의 죄를 회개하고 죄에서 떠나 순종의 결단을 내리십시오.
당신 가계의 무단 침입자를 축출하십시오.
하나님의 치유의 능력을 찬양하고 자신 및 가계를 축복하십시오.
다음의 말씀을 의지하여 선포하십시오.
"나는 너희를 치료하는 여호와임이니라"(출 15:26b).

강력한 보혈의 말씀 뿌리기

모든 저주의 세력은 말씀에 순종하는 성결한 삶과 십자가 보혈을 의지할 때 끊어지며 그 뒤 완전한 자유와 회복이 임하게 됩니다.

보혈의 능력을 경험하기 위해서는 상담이 필요하다면 충분한 대면 상담을 하시고 말씀을 깊이 새기고 묵상해야 합니다. 찬양을 부르되 보혈찬송을 부르십시오. 그리고 보혈을 구하는 기도를 하십시오. 그리고 성령님께 온전히 맡기십시오. 그러면 성령께서 기름을 부어주실 것입니다.

다음은 보혈의 능력의 말씀입니다. 말씀을 아래에 적으시고 깊은 묵상을 하십시오.

우리의 어떠한 죄도 씻고 속죄할 수 있는 능력이 있다(요일 1:7).

....

....

우리의 마음을 거룩케 하는 능력이 있다(히 10:29).

....

우리를 죄와 악한 영의 권세로부터 자유케하고 해방시킬 수 있는 능력이 있다(사 61:1).

....

우리의 대적이 되는 사탄 마귀의 모든 권세를 멸하고 승리할 수 있는 능력이 있다(골 2:15).

우리의 타락한 마음속 깊이 자리 잡고 있는 쓴 뿌리와 악의 근원을 치유하고 악한 영을 멸하는 능력을 갖고 있다(히 9:14).

우리의 상한 마음과 타락한 지, 정, 의의 근원을 씻고 멸하는 능력을 갖고 있다(사 53:5).

성경은 '예수 그리스도의 피'가 지니고 있는 다양한 능력에 대해 어떻게 말하고 있습니까? 성경은 구체적으로 12가지의 능력에 대해 말해 주고 있습니다.

다음의 말씀을 읽어 가는 동안 그 진리 하나하나가 분명하게 깨달아지기 바랍니다. 더 나아가 그 깨달음이 자신의 마음속에서 확신하는 믿음으로까지 와 닿을 수 있도록 줄을 그어가면서 정독을 해 주시기 바랍니다. 그리고 각 주제의 내용과 성경구절을 반드시 암기하여 자신의 마음 속 깊은 곳에 새겨두시기 바랍니다. 선악의 대쟁투와 실질적인 영적전쟁에 사용하시기 바랍니다.

첫째, 예수의 피는 '속죄의 능력'이 있다(히 9:22).

....

....

둘째, 예수의 피는 '구속의 능력'이 있다(벧전 1:18-19).

....

....

셋째, 예수의 피는 '칭의의 능력'이 있다(롬 5:9).

....

....

넷째, 예수의 피는 '생명의 능력'이 있다(요 6:53-54).

....

....

다섯째, 예수의 피는 '화평의 능력'이 있다(롬 5:9-10).

....

....

여섯째, 예수의 피는 '치유의 능력'이 있다(사 53:5).

일곱째, 예수의 피는 '자유의 능력'이 있다(슥 9:11).

여덟째, 예수의 피는 '성화의 능력'이 있다(히 10:29).

아홉째, 예수의 피는 '봉사의 능력'이 있다(히 9:14).

열 번째, 예수의 피는 '보호의 능력'이 있다(출 12:13).

열한 번째, 예수의 피는 '승리의 능력'이 있다(계 12:11).

열두 번째, 예수의 피는 '축복의 능력'이 있다(갈 3:14).

피의 신비

피는 생명과 관련된 일을 합니다. 우리 몸 안에서 산소를 운반하고 이산화탄소를 제거하며 온도 변화에 적응할 수 있도록 해 줍니다. 그리고 중요한 기능으로 질병과 싸워 생명력을 유지시켜 줍니다.

그리스도인의 영적 생활에서도 피(보혈)는 생명과도 같은 것입니다. 성경에는 피가 무려 400번이나 언급되어 있을 만큼 매우 중요한 것입니다. 그런데 우리의 신앙생활에서 그리스도의 보혈을 적용하는 경우를 거의 찾아볼 수가 없습니다.

그러므로 그리스도인의 삶 가운데 보혈을 의지하여 죄 사함을 받아야 합니다. 그리고 항상 문제 앞에서 믿음으로 예수 그리스도의 피를 뿌리고 발라야 합니다. 예수님 피가 뿌려지는 바로 그곳이 하나님이 거하시는 곳이며, 성령님이 역사하시는 곳입니다. 동시에 악한 사탄 마귀가 떨고 피하여 도망치는 곳입니다. 따라서 우리의 삶과 문제에 끼어든 악한 사탄 마귀를 이기는 방법은 오직 예수 그리스도의 피 뿐입니다.

다음은 그리스도의 보혈을 의지한 영적승리의 법칙입니다. 예수의 피를 뿌리고 바르면 큰 효력이 나타납니다.

[승리의 법칙]

예수의 피를 뿌리고 바르십시오.
예수의 이름 + 피를 뿌리고 바름 ==〉 사탄 마귀를 쫓아냄

- 피 =〉 생명 =〉 구속 =〉 덮개(히 9:22; 레 17:12)
- 예수의 피 소리 엄청난 효력이 있음
- 대적기도 = 예수의 피 간구 + 예수의 이름으로 명령

승리의 효력 ==〉 한 방울의 능력

얼마 전 한 기도 모임에서 피를 간구함으로 성령이 임했습니다. 그 날과 같이 보혈을 간구하면 주님께서는 성령임재, 방언, 치유, 죄사함, 구원의 확신과 역사하심의 은혜를 주십시다. 보혈이 떨어진 곳에는 하나님의 보호막이 형성됩니다. 그리고는 악한 사탄 마귀는 멸하여 집니다.

그러므로 우리는 주님의 보혈을 믿고 의지해야 합니다. 주님의 보혈은 모든 죄와 불의를 정결케 하는 능력이 있습니다. 모든 질병을 고치는 치료의 능력이 있으며, 사탄 마귀를 멸하는 능력이 있기 때문입니다.

또한 그리스도의 보혈은 우리의 영혼에 뿌리 깊이 자리 잡고 있는 쓴 뿌리와 악한 영의 근원을 치유합니다. 예수의 피는 충분히 우리의 속사람을 치유할 수 있습니다.

예수 그리스도의 피는 보배로운 피(precious blood)입니다(벧전 1:19). 만일

주님께서 보배로운 피를 흘리지 않고 돌아가셨다면 어느 누구도 구원받지 못했을 것입니다.

'그리스도의 피'라는 문구를 문자적 의미로만 알고 지내는 잘못된 개념, 상징적인 표현이라는 생각이 무너져서 그리스도의 보배로운 피에 대해 그릇된 태도가 확 바뀌고 이 피가 값을 매길 수 없이 귀중하고 보배로운 것임에 진심으로 동의하는 고백이 있기를 바랍니다.

벧전 1:19
오직 흠 없고 점 없는 어린 양 같은 그리스도의 보배로운 피로 된 것이니라

능력 있는 보혈의 말씀 외치기

피는 여전히 살아있는 능력입니다. 보혈의 말씀은 여전히 기적을 만들고 있습니다. 성경으로 돌아가서 저의 보혈기도 책에서 많이 사용되는 피의 말씀을 보겠습니다. 보배로운 피가 사탄 마귀와의 싸움에서 완전히 이길 수 있음을 알려주는 말씀들입니다.

날마다 아래의 말씀들을 묵상하고 읽고, 쓰고 암기하여 선포하십시오. 10번씩 말씀을 외치고 선포하십시오. 능력 있는 보혈의 말씀은 기적과 치유가 일어나게 합니다.

사 53:4-5
그는 실로 우리의 질고를 지고 우리의 슬픔을 당하였거늘 우리는 생각하기를 그는 징벌을 받아 하나님께 맞으며 고난을 당한다 하였노라
그가 찔림은 우리의 허물 때문이요 그가 상함은 우리의 죄악 때문이라 그가 징계를 받으므로 우리는 평화를 누리고 그가 채찍에 맞으므로 우리는 나음을 받았도다

고전 1:18
십자가의 도가 멸망하는 자들에게는 미련한 것이요 구원을 받는 우리에게는 하나님의 능력이라

히 9:14

하물며 영원하신 성령으로 말미암아 흠 없는 자기를 하나님께 드린 그리스도의 피가 어찌 너희 양심을 죽은 행실에서 깨끗하게 하고 살아 계신 하나님을 섬기게 하지 못하겠느냐

히 12:24

새 언약의 중보자이신 예수와 및 아벨의 피보다 더 나은 것을 말하는 뿌린 피니라

히 9:12

염소와 송아지의 피로 하지 아니하고 오직 자기의 피로 영원한 속죄를 이루사 단번에 성소에 들어가셨느니라

히 9:22

율법을 따라 거의 모든 물건이 피로써 정결하게 되나니 피흘림이 없은즉 사함이 없느니라

히 10:19

그러므로 형제들아 우리가 예수의 피를 힘입어 성소에 들어갈 담력을 얻었나니

히 13:12-13

그러므로 예수도 자기 피로써 백성을 거룩하게 하려고 성문 밖에서 고난을 받으셨느니라
그런즉 우리도 그의 치욕을 짊어지고 영문 밖으로 그에게 나아가자

히 13:20

양들의 큰 목자이신 우리 주 예수를 영원한 언약의 피로 죽은 자 가운데서 이끌어 내신 평강의 하나님이

롬 3:24-25

모든 사람이 죄를 범하였으매 하나님의 영광에 이르지 못하더니 그리스도 예수 안에 있는 속량으로 말미암아 하나님의 은혜로 값없이 의롭다 하심을 얻은 자 되었느니라

고전 10:16
우리가 축복하는 바 축복의 잔은 그리스도의 피에 참여함이 아니며 우리가 떼는 떡은 그리스도의 몸에 참여함이 아니냐

갈 3:13
그리스도께서 우리를 위하여 저주를 받은 바 되사 율법의 저주에서 우리를 속량하셨으니 기록된 바 나무에 달린 자마다 저주 아래에 있는 자라 하였음이라

갈 6:14
그러나 내게는 우리 주 예수 그리스도의 십자가 외에 결코 자랑할 것이 없으니 그리스도로 말미암아 세상이 나를 대하여 십자가에 못 박히고 내가 또한 세상을 대하여 그러하니라

골 1:20
그의 십자가의 피로 화평을 이루사 만물 곧 땅에 있는 것들이나 하늘에 있는 것들이 그로 말미암아 자기와 화목하게 되기를 기뻐하심이라

엡 1:7
우리는 그리스도 안에서 그의 은혜의 풍성함을 따라 그의 피로 말미암아 속량 곧 죄 사함을 받았느니라

엡 2:13
이제는 전에 멀리 있던 너희가 그리스도 예수 안에서 그리스도의 피로 가까워졌느니라

벧전 1:2
곧 하나님 아버지의 미리 아심을 따라 성령이 거룩하게 하심으로 순종함과 예수 그리스도의 피 뿌림을 얻기 위하여 택하심을 받은 자들에게 편지하노니 은혜와 평강이 너희에게 더욱 많을지어다

벧전 1:19
오직 흠 없고 점 없는 어린 양 같은 그리스도의 보배로운 피로 된 것이니라

요일 1:7
그가 빛 가운데 계신 것 같이 우리도 빛 가운데 행하면 우리가 서로 사귐이 있고 그 아들 예수의 피가 우리를 모든 죄에서 깨끗하게 하실 것이요

요일 5:6
이는 물과 피로 임하신 이시니 곧 예수 그리스도시라 물로만 아니
요 물과 피로 임하셨고 증언하는 이는 성령이시니 성령은 진리니라

_____

_____

_____

_____

계 5:6
내가 또 보니 보좌와 네 생물과 장로들 사이에 한 어린 양이 서 있
는데 일찍이 죽임을 당한 것 같더라 그에게 일곱 뿔과 일곱 눈이 있
으니 이 눈들은 온 땅에 보내심을 받은 하나님의 일곱 영이더라

_____

_____

_____

_____

계 5:8-9
그 두루마리를 취하시매 네 생물과 이십사 장로들이 그 어린 양 앞
에 엎드려 각각 거문고와 향이 가득한 금 대접을 가졌으니 이 향은
성도의 기도들이라

그들이 새 노래를 불러 이르되 두루마리를 가지시고 그 인봉을 떼기에 합당하시도다 일찍이 죽임을 당하사 각 족속과 방언과 백성과 나라 가운데에서 사람들을 피로 사서 하나님께 드리시고

계 7:14
내가 말하기를 내 주여 당신이 아시나이다 하니 그가 나에게 이르되 이는 큰 환난에서 나오는 자들인데 어린 양의 피에 그 옷을 씻어 희게 하였느니라

계 12:11
또 우리 형제들이 어린 양의 피와 자기들이 증언하는 말씀으로써 그를 이겼으니 그들은 죽기까지 자기들의 생명을 아끼지 아니하였도다

_____
_____
_____
_____

하나님은 당신을 사랑하십니다.
당신의 현재 모습이 어떠하든지, 하나님은 당신을 사랑하십니다.
성경은 "누구든지 그를 믿는 자는 멸망하지 않고 영생을 얻으리라"고 말씀합니다(요 3:16).
나 이제 예수님의 이름으로 구원받았습니다.
아멘.

3장

보혈을 뿌리고
바르는 실천기도

3장 보혈을 뿌리고 바르는 실천기도

실전 보혈기도 52 적용하기

눅 10:19
내가 너희에게 뱀과 전갈을 밟으며
원수의 모든 능력을 제어할 권능을 주었으니
너희를 해칠 자가 결코 없으리라.

오늘날 그리스도인들이 행복하고 풍성한 삶을 살지 못하는 중요한 이유 중의 하나는 악한 사탄 마귀들에 의하여 많은 공격을 받고 있으면서도 그 사실을 잘 깨닫지 못하고 있는 데에 있습니다.

이제 사탄 마귀들의 공격과 전략과 활동에 대해서 우리에게 주어진 권세와 능력을 사용함으로 참된 자유함을 누리게 될 것입니다.

보혈을 의지하여 실제적으로 적용해보십시오. 예수 그리스도의 보배로운 피를 뿌리고 발라보십시오. 놀라운 치유의 경험을 하게 될 것입니다.

전인 보혈기도 52 실천편은 하나님이 주신 명령에 온전히 순종한 결과물들입니다. 보혈기도문을 하루에 10번씩 묵상하고 읽고 쓰고 선포적 기도를 하면 놀라운 역사하심의 은혜가 강력하게 임합니다.

반복되는 질병(심장병, 암, 당뇨, 관절, 디스크, 폐병, 유전병), 가계에 흐르는 문제(알코올중독, 폭력, 성적문제, 약물중독, 자살, 객사, 단명, 전신병), 반복되는 사고(교통사고, 화재, 수재, 사기, 폭행), 사이비종교, 무당, 이단집단에 빠지는 문제 등을 끊고 보혈기도로 통해 축복으로 바꾸어야 합니다. 저주의 문제를 끊어야 합니다. 회복할 수 있습니다.

갑자기 마음이 우울해지거나 분노가 치밀어 오를 때, 죽고 싶은 생각이 든다거나 몸이 무겁고 무기력해진다거나 심하게 외로워진다거나 하는 일반적인 증상이 일어날 때도 거침없이 강력한 보혈기도를 하시기 바랍니다.

어느 날 기도하는 도중 하나님께서 저에게 "축사사역(귀신을 쫓아내는 사역)을 하여라, 보혈기도(예수님의 귀한 피)로 선포하라"고 말씀하셨습니다. 그리스도의 보혈이 뿌려지는 사역의 현장을 보여주시며, 특별히 〈베드로전서 1장 19절〉 "오직 흠 없고 점 없는 어린 양 같은 그리스도의 보배로운 피로 된 것이니라"는 말씀 가운데 "그리스도의 보배로운 피(The precious blood of Christ)"라는 단어를 품게 하셨고 그렇게 저는 보혈기도 사역을 시작하게 되었습니다.

그렇습니다. 예수 그리스도의 보배로운 피 한 방울은 실로 대단한 능력을 가지고 있습니다. 악한 사탄의 견고한 진을 처참하게 무너뜨리기도 하고, 어둠의 세력들을 결박하며, 모든 사술의 멍에를 꺾는 역할도 합니다. 병든 자를 치유하고 사술에 묶여 결박당한 자들을 해방시켜 주는데 피 한 방울이면 충분합니다.

지금까지도 저는 그 보혈을 의지하여 영적 사역을 감당하고 있습니다.

다시 말씀드립니다. 예수 그리스도의 보혈에는 놀랍고 강력하고 신비로운 능력이 있습니다. 모든 악한 세력이 다 굴복한다는 것을 의심하지 마십시오. 마귀의 권세로부터 해방되는 것을 온전히 믿으십시오. 선포하는 그 믿음 위에 놀라운 하나님의 은혜가 나타날 줄 믿습니다. 역사하십시오.

이제 그리스도 보혈의 능력에 대하여 확신을 갖고 따라 외치며 기도하십시오. 실제적으로 삶의 문제 위에 보혈을 뿌리고 바르십시오.

사탄 마귀가 억누르고 있습니까?

우울해지면서 생각이 꽉 막혔습니까?

공포가 내게 밀려와서 힘들게합니까?
악몽을 꾼 적이 있습니까?
누군가 나의 목을 조르는 경우가 있나요?
단호하게, 예수의 피로 나를 덮어달라고 기도하십시오. 보혈을 뿌리고 바르십시오. 예수의 피를 의지하여 말씀을 선포하십시오.
아래처럼 기도하십시오.

"이 더러운 마귀야, 악령아!
내가 너를 주의 이름으로 대적한다.
너를 결박한다!
그리스도의 보배로운 피를 뿌리고 바르노니,
당장 떠나갈지어다!

혹 내 안에 악한 영이 준 영이 역사하고 있다면,
나는 예수 그리스도의 이름으로 명하노니,
물러가라! 떠나가라! 나가라!
나는 예수님께 속한 사람이며 너희들은 나를 공격할 수 없다.
아멘."

1 보혈로 결박하여 파쇄하는 기도

보혈기도는 사탄 마귀에게 부탁하는 기도가 아닙니다. 보혈을 의지하여 강력하게 꾸짖고 외치며 대적하는 기도인 것입니다. 모기를 향해 강력한 에프 킬라를 치익~ 뿌리시듯 호통치고 야단을 치고 혼을 내는 것입니다. 보혈기도는 전투기도이므로 죽기 살기로 마귀의 진을 허물기 위해 공격하는 기도입니다.

보혈의 주님!
내가 예수님의 이름으로 수십 년 동안 사람들을 압제하고 있던 사탄의 영들을 결박하노라.
보배로운 보혈을 의지하여, 이제 모든 사슬의 멍에를 꺾노라.
내가 그리스도의 보혈로 묶여 있는 모든 사람들을 풀어주노라.
그리스도 보혈의 능력으로 악한 사탄이 제공한 중독, 동성애, 포르노, 정욕, 두려움, 교만, 증오, 편견, 우울, 자살 충동 혹은 그 어떤 형태로 나타나는 원수의 궤계를 무너뜨리며 파쇄하노라.

예수 그리스도의 피 한 방울이면 충분함을 믿습니다.
지금 예수님의 보혈의 계시 안으로 들어갑니다.
우리의 가족과 사업과 직장 그리고 관계하는 사람들을 예수 그리스도의 보혈의 계시 안으로 초대합니다.
죄와 영적 무지로 인해 결박당한 상태에 있는 모든 사람들 위에 그리스도 보혈을 뿌리노니,

구원과 치유를 받고 마귀의 권세로부터 해방되는 기쁨을 누릴 지어다.

예수님의 보혈은
우리의 신분을 완전히 바꾸시고
하늘 나라의 자녀로서의 특권과 권세를
누리게 하십니다.
하늘 나라에 속한 자로 상속자가
되게 하심을 감사드립니다.
예수님의 이름으로 기도드립니다.
아멘.

2 보혈의 능력을 선포하는 기도

예수 그리스도의 보혈에는 능력이 있습니다. 영적전쟁에서 승리하는 최고의 영적 무기입니다. 모든 악한 세력이 다 굴복한다는 것을 믿으십시오. 마귀의 권세로부터 해방되는데 이 보혈이면 충분합니다.

지금 예수님의 피를 문제 위에 뿌리고 바르십시오.

당신의 근원적 질병과 사고 그리고 저주 위에 예수의 피를 간구하십시오. 뿌리고 바르며 단호하게 외치십시오. 그러면 보혈의 능력이 나타날 것입니다. 놀라운 효력이 일어날 것입니다. 악한 사탄은 시시때때로 우리의 삶에 끼어듭니다. 그때마다 단호하게 그리스도의 피를 뿌리고 바르십시오.

할렐루야!
나사렛 예수 그리스도의 이름으로 명하노니,
악한 사탄 마귀가 지배하고 있는 장소와 공간 위에 피를 뿌리노라.
예수님의 피로 정화하노라.
악한 사탄 마귀들은 이 장소에서 당장 떠날지어다.

내가 예수님의 피를 나의 문제 위에 뿌리고 바르노라.
내가 예수님의 피를 나의 질병 위에 뿌리노라.
내가 예수님의 피를 나의 가계에 흐르는 저주 위에 뿌리고 바르노라.

악한 사탄 마귀를 보혈의 능력으로 대적하노니, 즉시 떠날지어다.
나사렛 예수 그리스도의 이름의 권세와 보혈로 명하노니,
나의 삶과 모든 영역에서 예수 그리스도의 보호와 안전과 방어의
권세를 주장하노라.

어둠의 영들과 악한 사탄 마귀는 들을지어다.
내가 십자가에서 흘리신 예수님의 보혈의 피를 이곳에 뿌렸으므로,
예수 그리스도가 임재하여 계심을 주장하노라.
그 보혈의 능력으로 너를 결박하여 꾸짖어 쫓아내노라.
보혈의 능력이신 예수님의 이름으로 기도합니다.
아멘.

십자가의 사랑과 용서를 다시 마음에 새겨 주님의 이름으로 나아가게 하옵소서.

3 날마다 보혈을 뿌리는 기도

그리스도 보혈의 능력에 모든 악한 영들은 다 굴복됩니다.

예수님의 궁극적인 목적은 그분의 백성 된 자녀가 구원을 받고 사탄 마귀의 권세로부터 해방되는 기쁨을 누리는 것입니다. 그런데 많은 자녀들이 죄와 무지로 인해 영적으로 결박당한 채 악한 사탄에게 포로가 되어 살아가고 있습니다. 따라서 예수님의 보배로운 보혈의 능력에 힘입어 매일, 매순간 강력하고 단호하게 기도하시기 바랍니다.

지금 바로 보혈의 능력으로 놀라운 기도의 기적들을 경험해보시기 바랍니다. 이 모든 것들은 피로 말미암는 구속이며 능력이요 권능입니다. 그리고 바로 하나님이 주시는 기적들입니다.

예수님!
그리스도 보혈로 말미암는 화목을 주십시오.
깨끗이 씻음을 주십시오.
성화 된 삶을 주십시오.
하나님과의 연합을 주십시오.
사탄에 대한 승리의 무기를 주십시오.
질병의 치유를 주십시오.

성령님을 환영합니다. 의지합니다. 기대합니다.
지금 이곳에 임하여 주옵소서.

이곳에 오시어, 저의 영적인 귀와 눈이 열리고, 생각과 마음이 트이게 하옵소서.
그리하여 저의 믿음이 뜨거워지고, 저의 삶이 성령충만함으로 살아가게 하옵소서.
저의 영에 믿음의 못이 깊이 들어갈 때까지 성령의 망치질을 아끼지 말아 주옵소서.
예수 그리스도의 이름으로 기도드립니다. 아멘.

**예수님께서 십자가 위에서 보혈을
흘려 주심으로 우리의 모든 죄, 과거의 죄뿐 아니라
현재의 죄, 미래의 죄까지
다 사함을 받았습니다.**

4 지체에 보혈을 뿌리는 기도

보혈을 뿌리는 기도는 강력하고 정결함의 능력이 있습니다. 가장 강력한 실제적인 기도이기 때문입니다. 다음은 지체에 보혈을 뿌리는 기도입니다. 큰 소리로 읽고 외쳐보십시오.

참으로 좋으신 하나님.
지금 예수님께서 흘리시는 그 보혈로 저의 머리끝부터 발끝까지 충만히 덮어 주시옵소서.

주님의 보혈을 저의 마음과 생각에 뿌립니다.
그래서 저의 부정적인 마음 밭과 생각들이 다 사라지게 하시고, 정결해지게 하여 주시옵소서.

주님의 보혈을 저의 눈에도 뿌립니다.
저도 모르게 눈으로 지은 죄가 있다면 알게 하시고 용서하여 주옵소서.
그리고 깨끗하게 하시어 이제는 그 눈이 하나님이 보여 주시는 것을 바라보게 하여 주옵소서.

저의 귀에도 뿌립니다.
저의 귀에 들어왔던 모든 부정적인 말들과 아직도 귀에 들어오는 악한 말들을 뿌리 뽑아 주옵소서.

저의 귀가 하나님의 음성에만 예민하게 하시고 하나님이 기뻐하시는 것만 듣는 귀가 되게 하여 주옵소서.

주님의 보혈을 저의 입에도 뿌립니다.
저의 입을 통해 흘러갔던 모든 악하고 추한 부정적인 말들을 용서하시고, 그 효력이 정지되게 하옵소서.
오직 감사와 찬양의 입, 사랑과 고마움의 입, 그리고 격려의 입이 되게 하여 주시옵소서.

주님, 예수님의 보혈을 저의 심장에도 충만히 뿌립니다.
그리고 바릅니다.
주님의 보혈로 저의 심장이 강건해지고, 제 기능을 잘 발휘할 수 있도록 어루만져 주옵소서.
가장 중요한 심장을 어루만져 주시는 은혜가 임하게 하옵소서.
예수님의 보혈을 의지하여 기도하였습니다.
아멘.

5 악한 사탄을 쫓아내는 보혈기도

저는 예수 그리스도 이름의 보혈기도를 드려서 응답받지 않은 적이 없습니다. 보혈의 능력과 외침에는 단 한 번도 실패한 것을 보지 못했습니다. 왜냐하면 피를 의지한 기도 소리는 가장 빠른 응답을 가져오기 때문입니다.

지금 악한 사탄 마귀는 이 세상을 지배하고 있습니다. 그래서 믿는 사람들을 하나님께로부터 분리시켜 범죄하게하고 파멸시키며 멸망시킵니다. 우리를 지옥에 떨어지도록 마귀는 전력을 다하고 있습니다. 이렇기 때문에 예수 그리스도의 능력의 외침이 필요합니다. 그 보배로운 피가 우리의 가슴 속에 들어올 때마다 세상을 지배하고 있는 악한 사탄 마귀가 다 쫓겨나버리는 것입니다.

지금도 우리를 위해 중보하시는 예수 그리스도 보혈의 능력을 의지하여 따라 외치십시오.

보혜사 성령님 환영합니다. 내 안에 오시옵소서.
그리스도 보혈을 의지하여 기도하오니 저에게 주님의 보혈에 대하여 깨닫게 하여 주옵소서.
그리스도 피를 의지하며 외치는 모든 이들이 그 능력을 체험하게 하옵소서.
그리스도 보혈로 우리를 완전히 덮어 주시어, 세상에서 승리하는 삶 살아가게 하옵소서.

예수님의 피가 뿌려진 기도 위에 응답의 역사가 일어나게 하옵소서.
예수 그리스도께서 십자가 위에 피 흘리시고 못 박혀 돌아가셨다가 부활 승천 하셨음을 믿으며 그 보혈의 능력을 믿습니다.
 지금, 보혈을 의지하여 뿌립니다.

주님, 보혈의 능력방패로 악한 사탄 마귀의 사슬을 제거하기를 원합니다.
예수 그리스도 이름의 권세와 그분의 보혈을 의지하여 악한 사탄에게 명하노니,
　　지금 당장 사슬의 묶음을 멈출지어다.
　　지역의 사슬의 묶음을 멈출지어다!
　　질병의 사슬의 묶음을 멈출지어다!
이제 그리스도의 보혈을 뿌리노니,
그 상처와 모든 문제 위에 보혈의 피가 덮어질지어다.
나사렛 예수 그리스도의 이름으로 보혈의 능력이 임할지어다.
아멘.

하나님!
위대하고 선하신 하나님께 무한한 찬양과 감사를 드립니다.
하나님의 어린 양 예수님이 흘린 피의 공로로 저희가 죄에서 자유를 얻었습니다.
아버지, 이런 놀라운 선물을 인하여 찬양을 드립니다.
용서의 능력이 그 피에 있음을 저희가 아옵니다.

우리 모두가 어린 양 예수의 피로 나아가게 하옵소서.
어린 양 예수의 피 없이는 구원이 없나니
순종하여 죄와 죽음에서 자유함을 얻게 해 주옵소서.
예수님이 베풀어 주신 축제의 선물을 누리게 하옵소서.
아멘.

예수님의 보혈로 하나님과 우리 사이에 영원한 언약을 세워 주신 은혜에 감사드립니다.
무릎을 꿇고 간절한 기도를 드립니다.
보혈의 능력을 경험하기를 원합니다.
나의 온 마음과 몸을 바쳐 순종하며 나아갑니다.
주님의 보혈로 찬양드립니다.
주님의 보혈을 의지하여 기도하오니, (질병) 은 떠나갈지어다.
소멸되고 새로운 능력으로 회복되게 하옵소서.
예수님의 이름으로 기도합니다.
아멘.

6 쓴 뿌리를 뽑는 기도

비극 중에 비극은 예수의 피를 금하고 사용할 줄 모르며 예수 그리스도의 피에 대하여 거의 듣지 못한다는 것입니다. 그러나 생명은 피 속에 있습니다. 〈레위기 17장 11절〉의 말씀을 보면 "육체의 생명은 피에 있음이라 내가 이 피를 너희에게 주어 제단에 뿌려 너희의 생명을 위하여 속죄하게 하였나니 생명이 피에 있으므로 피가 죄를 속하느니라"고 기록되어 있습니다. 〈요한일서 1장 7절〉은 "그가 빛 가운데 계신 것 같이 우리도 빛 가운데 행하면 우리가 서로 사귐이 있고 그 아들 예수의 피가 우리를 모든 죄에서 깨끗하게 하실 것이요"라고 말하고 있습니다.

보혈의 주님!
예수 그리스도의 십자가 보혈로 저의 (쓴 뿌리)의 근원을 깨끗이 씻어 주시고 멸하여 주시옵소서!

온전한 인격으로 회복시켜 주옵소서.
질병과 상처를 낸 뿌리를 뽑아 주옵소서.
빠져나가게 해 주시니 감사드립니다.
아멘.

7 치유기도

이사야 53:5
그가 찔림은 우리의 허물 때문이요 그가 상함은 우리의 죄악 때문이라 그가 징계를 받으므로 우리는 평화를 누리고 그가 채찍에 맞으므로 우리는 나음을 받았도다(개역개정).

그러나 사실은 우리의 허물이 그를 찔렀고 우리의 악함이 그를 짓뭉갰다. 그가 책망을 받아서 우리가 평화를 누리고 그가 매를 맞아서 우리의 병이 나은 것이다(우리말 성경).

그를 찌른 것은 우리의 반역죄요, 그를 으스러뜨린 것은 우리의 악행이었다. 그 몸에 채찍을 맞음으로 우리를 성하게 해주었고 그 몸에 상처를 입음으로 우리의 병을 고쳐주었구나(공동번역 성경).

But he was wounded for our transgressions, he was bruised for our iniquities: the chastisement of our peace was upon him; and with his stripes we are healed(KJV).

　위의 〈이사야 53장 5절〉의 말씀을 의지하여 선포할 수 있어야 합니다. 예수 그리스도의 보혈, 바로 예수님의 십자가 죽으심을 대변하는 기독교 복음의 가장 핵심 말씀이기 때문입니다. 〈히브리서 9장 22절〉 "율법을 따라 거의 모든 물건이 피로써 정결하게 되나니 피흘림이 없은즉 사함이 없느니라"

말씀도 잘 증명해 주고 있습니다.

　말씀을 의지하여 자신의 실제 삶의 현장에서 예수님의 피가 지니고 있는 여러 가지 능력을 직접 적용해 보십시오. 모든 불행, 질병, 저주와 사망의 권세를 잡고 있는 악한 사탄 마귀의 모든 권세를 멸하고 쫓아내며 승리하는 능력이 나타날 것입니다.

　아래의 기도는 예수 그리스도의 피가 지니고 있는 능력에 확신을 갖고 믿음으로 기도할 때 힘이 있습니다.

예수님!
저는 예수님의 피가 지니고 있는 무한한 치유의 능력을 믿습니다.
예수님의 십자가의 피로 (내, 이름, 우리) 마음속에 자리 잡고 있는 (고집, 욕심, 미움)의 근원을 깨끗이 씻어 주시고 완전히 멸하여 주시옵소서.

치유의 하나님!
말라기 선지자에게 주셨던 치유의 광선을 비춰 주시니 감사합니다.
피 묻은 그리스도 보혈의 손길이 상처 위에 안수해 주실 줄 믿습니다.
예수님은 치유의 하나님이심을 믿습니다.

나사렛 예수 그리스도의 이름으로 명하노니,
이 시간 질병의 고통 가운데 놓여있는 모든 사람들에게 시공간을 초월하여 주님의 치유의 광선이 강력하게 임할지어다.
나음을 받을지어다. 회복될지어다.
아멘.

8 총애의 기도

하나님께서 당신을 특별하게 사랑하십니다.

총애해 주십니다. 특별한 사랑이 임합니다. 혹시 평상시에 편두통으로 고통을 당하시는 분이 있다면 따라하십시오. 잠시 하던 일을 멈추고 두 손을 머리에 대시고, 다음과 같이 믿음으로 외치십시오.

"하나님이 내 편두통을 고쳐 주세요."

아주 짧은 시간에 하나님께서 믿음의 손을 댄 머리의 통증을 치유해 주실 것입니다.

**믿음의 손을 댄 머리는 통증이 깨끗이 사라질지어다.
예수님의 보혈로 통증을 깨끗이 치료해 주십니다.
아멘.**

**그리스도인들은 참으로 십자가를 사랑합니다.
예수님의 십자가에는 예수님의 인내와
희생이 나타나 있습니다.**

9 피곤과 곤비를 씻는 기도

지나치게 피로감, 무거움, 졸음, 혼미함, 공상 등이 밀려올 때가 있습니다. 몸도 무겁고 힘이 들어서 일을 잘 하기도 어렵습니다. 이러한 경우 자연적인 피로감일 수도 있지만 영적인 공격인 경우도 적지 않습니다. 악한 영들에게 침투를 허용하게 해서는 안 됩니다. 이럴 때도 악한 영을 결박하고 대적하여 전투적 보혈기도를 해야 합니다.

강력한 보혈기도로 악한 영을 쫓아내야 합니다.

내가 나사렛 예수 그리스도의 이름으로 명하노니,
(내 이름) 몸 안에 예수의 피가 강렬하게 흐름으로 심신에 쌓여 있는 모든 피곤과 곤비는 말끔히 씻어지고 사라질지어다.
생명의 능력이 철철 흐를지어다.

회복의 하나님,
내 몸 안에 예수님의 피가 강렬하게 흐르고 있음을 믿습니다.
그 보혈로 말미암아 나의 심신에 쌓여있는 모든 피곤은 말끔히 씻어지고 사라질지어다.
예수님의 피가 내 몸 안에 새 힘과 생명으로 충만히 채워질지어다.
모든 스트레스와 피로가 내 몸에서 말끔히 떠나가게 하심을 감사합니다.
주님 행복합니다. 감사합니다.
아멘.

주님의 보혈을 의지하여 기도합니다.
우리의 죄를 사해 주시기 위해 십자가에 못 박혀 피 흘려 죽으심으로 우리를 사해 주심에 감사를 드립니다.
오늘 한 번 더 주님의 보혈로 우리를 덮어 주옵소서.
그리하여 안전하고 완전한 보존의 역사가 있게 해 주옵소서.
보혈의 피로 우리의 모든 죄를 깨끗이 씻어 주시옵소서.
그리고 영원한 생명을 체험하는 은혜를 누리게 하옵소서.
보혈의 능력이 강력하게 임하게 하여 주옵소서.
저는 믿습니다. 피 중에 피는 보혈의 피임을 확신합니다.
예수님의 피 한 방울이면 충분히 문제가 해결될 수 있음을 믿습니다.

하나님 아버지,
당신의 긍휼하심과 은혜를 찬양드립니다.
예수님의 십자가의 보혈을 통하여 저의 모든 죄를 정결케 하시고, 하나님 안에 거하게 하심에 감사드립니다.

주님, 이제 예수님의 보혈을 마음에 뿌려 악한 양심과 몸이 깨끗게 되어 온전한 믿음으로 하나님께 나아가 교제함으로 은혜를 누리기를 원합니다.

주님, 믿음으로 은혜의 보좌 앞에 담대히 나아갑니다.
간절히 간구하오니, 살아계신 하나님을 날마다 뵈옵게 하옵소서.

주의 영광을 보게 하여 주시옵소서

주님, (내, 이름) 몸 안에 예수의 피가 지니고 있는 새 힘과 새 생명으로 충만히 채워지게 하옵소서.
예수의 피의 능력을 통하여 몸 안에 새 힘이 충만히 임할지어다.
아멘.

주님!
예수 그리스도의 이름으로 명령하노니,
모든 사탄의 세력은 묶임을 받고
떠나갈지어다.
모든 궤계는 무너질지어다.

10 질병을 쫓는 기도

이제, 과감하게 악한 영들을 향해 대적하는 보혈기도를 해야 합니다.
내 몸, 가족과 주위 이웃의 육체를 묶는 질병을 쫓아내십시오.
날마다 10번씩 보혈의 능력을 힘입어 다음과 같이 기도할 수 있어야 합니다. 분명 놀라운 능력과 하나님의 역사하심이 나타날 것입니다.

모든 병균과 어두움의 세력은 예수의 피로 파괴되고 멸하여져
(내, 이름) 몸에서 완전히 끊어질지어다. 떠나갈지어다.

나는 예수 그리스도의 보혈을 의지하여 단호하게 선포하노라.
죽음, 폭력, 배척, 교만, 거역, 부채, 반항, 분노, 분리, 두려움, 호색, 성도착, 마술, 가난, 궁핍, 파산, 이혼, 이별, 이간질, 불화, 우울증, 비관, 고독, 무기력, 슬픔, 학대, 중독, 습관, 저주, 유전병, 정신이상, 광기, 암, 당뇨병, 고혈압, 관절염, 어지러움, 불안, 공포 등 이런 요인을 가져온 모든 악한 영들을 예수 그리스도의 보혈로 명하고 추방하노라.

악한 영들은 떠날 때 가져온 문제와 질병을 다시 가지고 떠날 것을 명하노라.
이미 나간 악한 영들은 다시는 우리 가정과 가문, 자녀들에게 들어오지 못하도록 금하노라. 통로를 차단하노라.

악한 사탄 마귀가 들어올 수 있도록 열어 놓았던 모든 문들을 보혈로 차단하고 봉하노라.

하나님의 보호와 축복만이 임할지어다.
주님의 사랑과 능력으로 인해 감사와 찬양을 드립니다.
예수 그리스도의 이름으로 기도합니다.
아멘.

예수님의 보혈은
영 · 혼 · 육의 질병 치유를 경험하게 합니다.
우리의 육체를 치유해 주십니다.

11 보혈을 의지한 기도

보혈을 의지하여 호소하면 더욱 효력이 있습니다. 세상에서 가장 강력하고 값비싼 기도이기 때문입니다. 우리가 의롭게 되는 것은 오직 예수님의 갈보리의 십자가의 피를 통해서만 가능합니다. 실제적인 삶의 문제를 놓고 보혈기도를 적용해 보십시오.

주님, 보혈의 음성을 주시니 감사드립니다.
'예수의 피를 뿌려라!'
'예수의 보혈을 의지하라!'
'예수의 보혈 울타리 속에 거하라!'
'예수님이 갈보리 언덕에 흘리신 보혈을 간구하라!'

'보혈의 능력이 일어나라!'
'보혈로 깨끗이 씻어라!'
'보혈로 매일 발라 주라!'
'예수의 피를 간구하라!'
주님의 음성에 따라 사역하겠습니다.
아멘.

주님,
저에게 주님의 보혈에 관해서 깨닫게 해 주옵소서.
보혈의 신비를 체험하게 하옵소서.
보혈의 피로 우리를 온전히 덮어 주옵소서.

주님, 보혈을 의지하여 기도합니다.
예수님의 보혈로 하나님과 우리 사이에 영원한 언약을 세워 주신 은혜에 감사드립니다.
이 시간 무릎을 꿇고 간절한 기도를 드립니다.
진정 보혈의 능력을 경험하기를 원합니다.
나의 온 마음과 몸을 바쳐 순종하며 나아갑니다.
주님의 보혈로 찬양드립니다.
주님의 보혈을 의지하여 기도하오니,
(질병) 은 떠나갈지어다.
소멸되고 새로운 능력으로 회복되게 하옵소서.
예수님의 이름으로 기도합니다.
아멘.

예수님의 이름과 권세와 그분의 보혈을 의지하여 사탄에게 명하노니,
지금 당장 모든 사슬의 묶음을 멈추어라.
모든 장소와 공간 위에 보혈로 정화하노라.
그러므로 사탄과 그의 졸개들은 이 장소에서 떠날지어다.
나의 삶과 모든 영역에 보호와 방어의 권세를 주장하노라.
예수의 보혈의 능력이 나와 함께 있음을 주장하노라.

예수님의 피가 이 땅에 뿌려짐으로 이 땅이 거룩케 되었음을 선포하노라.
보혈의 권세로 이 땅에서 활동하는 사탄과 그의 졸개들과 저주를 제거하노라.
이 땅에서 행해진 모든 사슬의 묶음을 정지하노라.
십자가의 피로 구원과 승리하였음을 선포하노라.
아멘.

12 음란과 자살, 우울의 영을 쫓는 기도

그냥 마음이 우울해질 때, 마음이 심란해질 때, 그리고 무기력해질 때, 악한 영의 세력으로부터 오는 것일 수도 있으므로 즉시 예수의 이름으로 이 우울함과 어두움의 영을 대적해야 합니다. 예수의 피로 철저히 파쇄해야 회복될 수 있습니다.

우울함의 악한 영들아, 떠나가라!
(내, 이름, 우리) 가계에 흐르고 있는 음란의 영, 자살의 영, 그리고 우울의 사탄아!
내가 예수 그리스도의 이름으로 너를 저주하고,
예수의 피로 너를 철저히 멸하고 파쇄하며 끊노라.
우리 가정에서 영원히 끊어질지어다.

(내, 이름, 우리)에서 영원히 떠나갈지어다.
너는 이제 완전히 파괴되어 결박되었음을 선포하노라.
너를 받아들이지 않겠다. 어서 물러가라.
아멘.

13 부정적 혼의 결속을 끊는 기도

우리의 부정적 혼의 결속을 통해 우리의 후손에게 잘못된 결속의 영향을 미칠 수 있습니다. 즉 부정적 혼의 결속을 통해 그 영향이 계속 대물림됩니다. 그러므로 결혼, 친구, 만남 등에서 좋은 혼의 결속이 이루어져야 합니다. 부정적인 혼의 결속은 사탄이 침입할 수 있는 빌미를 주게 됩니다.

다음 〈고린도전서 6장 18-20절〉의 말씀입니다.

"음행을 피하라 사람이 범하는 죄마다 몸 밖에 있거니와 음행하는 자는 자기 몸에 죄를 범하느니라 너희 몸은 너희가 하나님께로부터 받은 바 너희 가운데 계신 성령의 전인 줄을 알지 못하느냐 너희는 너희 자신의 것이 아니라 값으로 산 것이 되었으니 그런즉 너희 몸으로 하나님 영광 돌리라"

부부 이외의 성적 관계는 사탄이 들어오게 합니다. 가계를 통해 전가되는 부정적인 혼의 결속에서부터 해방되어야 합니다. 그렇기 위해서는 아래와 같이 기도해야 합니다.

주님, 이 시간 확고한 믿음으로 기도합니다.
나의 인간관계 속에서 하나님이 원하지 않고 허락하지 않는 모든 부정적 혼의 결속을 예수 그리스도의 이름으로 차단하노라.
보혈을 뿌리고 바르노라.

또 부정적 혼의 결속이 계속 대물림되는 것을 차단하노라.
특히 배우자 외에 성적 관계를 통해 부정적 혼이 결속된 모든 관계를 차단하노라.

또한 동물과 연결된 모든 부정적 혼의 결속을 차단하노라.
하나님이 원하지 않는 혼의 결속을 통해 사탄이 얻게 된 모든 힘과 유익과 권리를 파기하고 제거하노라.

주님을 의지하며, 하나님이 허락한 건강한 혼의 결속만을
예수 그리스도의 이름으로 모든 인간관계 속에 세우노라.
하나님이 허락하신 관계를 사랑과 편안함으로 축복하노라.
참된 사람과의 관계가 지속되도록 그리스도의 보혈로 울타리를 세우노라.
보호와 안전으로 지켜 주실 것을 선언하노라.
예수님의 이름으로 기도드립니다.
아멘.

14 성령임재를 위한 기도

당신은 성령을 충만히 경험해 보셨습니까?

성령체험을 통해 하나님의 임재에 참여하는 은혜를 주십니다. 능력이 결여된 삶은 한마디로 성령체험이 없었기 때문입니다. 성령을 체험하는 조건은, 단 한 가지 영적 목마름입니다. 만약 당신이 성령을 체험하지 못했다면 갈급한 마음으로 지금 이렇게 기도하십시오.

성령님, 나는 당신이 갈급합니다.
성령님을 초청합니다.
성령님을 환영하며 영접합니다.
성령님, 내게 보혈의 능력으로 임하여 주옵소서!
그리스도의 보혈의 능력으로 임하시되, 분명한 증거로써 임하여 주옵소서.
성령님의 임재를 기대합니다.
아멘.

15 하늘 보좌를 움직이는 보혈기도

계 12:11
또 우리 형제들이 어린 양의 피와 자기들이 증언하는 말씀으로써 그를 이겼으니 그들은 죽기까지 자기들의 생명을 아끼지 아니하였도다

하나님의 말씀과 어린 양의 피만이 마귀를 대적하는 강력한 무기가 됩니다. 사탄은 여전히 예수의 피를 가장 무서워합니다.

인간의 피는 조금도 무서워하지 않습니다. 오직 예수의 피만 무서워합니다. 그래서 예수의 피가 사탄에게 뿌려질 때 들통 난 사탄 마귀는 이 피를 끔찍이도 싫어하며 무서워하고 경계하며 일곱 길로 도망치는 치명타를 입게 되는 것입니다.

사탄 마귀는 예수의 피가 가장 큰 적이며 경계해야 할 대상입니다. 그들은 보혈 속에 거하는 성도들을 참소하거나 공격할 수 없다는 영적 세계의 대 원칙이 공개되는 것을 가장 싫어합니다.

이를 위하여 주님께서는 지금도 하나님 보좌 우편에 앉으셔서 그의 보혈로 죄를 깨끗이 씻음을 받고 보혈의 울타리 속에 거함으로 사탄 마귀의 참소와 공격에서 벗어나기를 간절히 기도하고 계십니다.

하나님,
2천 년 전에 갈보리 언덕에서 흘리신 보혈을 간구합니다.
예수님의 보혈은 시간과 공간을 초월하여 죄 씻기를 간절히 간구하는 사람들의 영육을 깨끗하고 정결하게 해 주었습니다.

그 피가 우리의 죄를 정결케 하여 줄 뿐만 아니라 어떠한 사탄 마귀의 참소와 공격이라도 막아 주셨습니다.
그러므로 예수님의 피로 깨끗이 씻음 받은 우리를 사탄 마귀는 공격할 수 없음을 선언합니다.

우리의 영육을 예수님의 보혈로 매일 새롭게 씻음으로써 사탄 마귀의 궤계로부터 피하고 해방되었음을 선포합니다.

이 시간 하늘 보좌의 영광이 임할지어다.
아멘.

16 주님 영접기도

예수님은 십자가 상에서 '다 이루었다'라고 말씀하셨습니다. 이는 인간의 죄의 값을 다 지불하셨다는 의미입니다(사 53:4-5; 갈 3:13-14; 벧전 1:18-19). 예수님의 십자가 대속의 죽음으로, 우리는 값없는 은혜를 받았습니다. 우리는 그의 의로움으로 의롭게 될 수 있으며, 영원한 구원의 생명을 얻게 됩니다.

이제 예수 그리스도를 개인의 구세주로 영접하는 기도를 드림으로 하나님의 자녀가 되는 권세를 얻게 됩니다.

지금 예수님을 나의 구주로 영접합니다.
예수 그리스도여, 내가 더럽고 추악한 죄인임을 고백합니다.
내 모든 죄를 용서하여 주옵소서.
나는 예수 그리스도가 하나님의 아들이심과 나의 모든 죄를 용서해 주시기 위해 십자가에 피 흘려 죽으신 구주이심을 믿습니다.
나는 나의 몸과 마음과 영혼을 전적으로 예수님께 드립니다.

반면에, 이제까지 나의 삶을 지배해 왔던 악한 사탄 마귀들이 한 모든 일들을 대적하며 멸합니다.
이제 주님이 내 삶 속에 들어오셔서 내 삶의 주인이 되어 주십시오. 주님과 함께 영원히 살게 하여 주옵소서. 주님을 내 삶의 주인으로 영접합니다. 나를 위해 십자가에서 죽으시고 부활하신 예수님의 이름으로 기도합니다.
아멘.

17 회복기도

 악한 마귀는 그리스도인의 삶에 은밀하게 개입하여 많은 고통과 재난을 가져다 줍니다. 믿는 자의 삶과 신앙생활을 파괴하기 위하여 공격합니다. 물질도, 시간도, 행복도 빼앗아 갑니다.
 우리는 예수의 이름을 사용하여 마귀에게 명령하여 망가진 삶으로부터 회복되어야 합니다. 주신 권세를 가지고 선포하고 대적해야 합니다.

주님,
주님께서는 지난 과거의 모든 죄를 회개하는 자를 용서하십니다.
그리고 예수의 피를 믿는 자를 구원하십니다.
사탄이 제공하는 모든 것들,
    눌린 자를 자유케 하십니다.
    가난한 자를 부유케 하십니다.
    사슬에서 해방시켜 주십니다.
이것이 보혈의 능력임을 믿습니다.
지금 온전히 회복되었음을 믿습니다.
아멘.

나의 주님,
예배에 집중하지 못하고,
주께 헌신하지 못한 나의 삶을 고백합니다.
내 삶에 하나님을 가장 우선순위에 두지 못함을 인정합니다.
그로 인해 하나님과 단절되었던 관계가 다시 회복되기를 원합니다.
오직 하나님께만 집중하며,
나의 마음과 인격이 주님의 성품을 닮아가도록 인도하옵소서.
내 안에 주님이 계심을 고백합니다.
주님, 사랑합니다.
아멘.

영적 회복을 위해 기도합니다.
건강이 회복될지어다.
기력이 회복될지어다.
경제가 회복될지어다.
영성이 회복될지어다.

18 단호한 보혈기도

예수님의 보혈은 당신을 영적으로 보호하는 능력을 갖고 있습니다.
내가 그 보호하심 가운데 있음을 묵상하며 감사하십시오.
현재 삶에서 대적 사탄의 세력으로부터 당신을 영적으로 보호하기 위해 수시로 예수님의 보혈을 뿌려야 합니다. 다음과 같이 보혈을 뿌리고 발라져야 합니다.

나는 예수님의 보혈 아래 놓여 있다.
그러므로 나는 예수님의 소유이다.
따라서 사탄의 세력들은 나와 나의 가정을 공격할 수 없다.
나는 예수님의 보혈이 덮여 있노라.
아멘.

보혈을 의지하여
단호한 마음으로 기도합니다.

19 가계의 흐르는 저주 끊는 기도

먼저 강하고 단호하게 악한 영들을 쫓아내야 합니다.

그들의 계략을 멸해야 합니다. 가계와 가정 그리고 육신에 흐르고 있는 악한 영을 추방하고 끊어내는 일을 해야 합니다. 죄, 우상숭배, 상처, 참상, 맹세, 저주, 점술, 제사, 굿, 점, 관상, 기 훈련, 기 치료, 운세, 마술, 무당, 손금, 강신술, 토정비결, 두통, 협심증, 신경 마비, 기억력 상실, 우울감, 질병, 불효, 억압, 분노, 학대, 미움, 쓴 뿌리, 거부, 슬픔, 원망, 불안, 공포증, 살인, 폭력, 마약, 술, 담배, 오락, 도박 등 가계와 가정 그리고 육신에 흐르고 있는 악한 영들의 침입 통로를 차단하고 봉쇄하며 파쇄하는 보혈기도를 해야 합니다.

그리스도 보혈의 권세로 기도하십시오. 가계에 흐르는 저주 위에 예수 그리스도의 피를 뿌려야 합니다.

우리는 날마다 가계와 가정에 흐르는 하나님의 권세를 주장할 수 있어야 합니다. 또한 당신은 하나님의 자녀로서 당신과 당신 가계, 그리고 가정에 흐르는 사탄의 모든 역사를 대적할 권세를 가지고 있습니다(마 28:19-20). 예수님의 보혈의 능력으로 악한 사탄이 이미 패배되었음을 선포하십시오.

능력의 하나님,
나에게 가정을 대표하여 기도할 수 있는 권세와 능력을 주신 것을 감사드립니다.
이 시간 하나님이 내게 주신 권세와 능력과 믿음으로 어두운 세력 앞에서 보혈의 능력을 주장합니다.

하나님이 우리 가계와 가정 그리고 삶에 주인 되심을 예수 그리스도의 이름으로 다시 한번 선포합니다.
만약, 나의 조상과 후손이 다른 신들을 숭배하고,
악한 사탄에게 헌신한 것을 예수님의 이름으로 회개합니다.
그리고 그 모든 잘못된 계약과 헌신을 취소합니다.

이를 통해 사탄이 나의 가계와 가정을 공격할 수 있는 모든 법적 권리 및 그 효력을 박탈하고 무효임을 선포합니다.
예수님의 피가 악한 사탄이 제공한 모든 문제를 차단하고 파쇄할지어다.
예수님의 이름으로 기도합니다.
아멘.

사랑의 주님,
이 시간 조상들의 죄와 저의 죄를 진심으로 회개합니다.
악한 길에서 떠나 주님께 나아왔습니다.
더 이상 죄의 저주 아래에 있지 않고 하나님의 은혜 아래 있도록 죄로부터 오는 모든 저주를 끊어 주시옵소서.

이제는 죄로 인해 역사하는 모든 악한 영의 세력을 예수 그리스도의 이름으로 내쫓습니다.
예수 그리스도의 이름으로 명하노니,
모든 저주와 어둠의 영들은 묶임을 놓고 떠나갈지어다.

주님이 십자가를 통하여 주신 복을 믿음으로 선포합니다.
하나님께서 약속하신 아브라함의 복이 임할지어다.
하나님의 이름을 나타내는 영광을 허락하여 주시옵소서.
예수님의 이름으로 기도합니다.
아멘.

은혜와 자비가 풍성하신 하나님,
나는 나의 조상과 가계, 가정에 부정적 영향을 미치는 모든 악한 영의 흐름을 예수 그리스도 보혈의 피로 끊어버리기를 원합니다.
그것들에 향한 모든 분노와 쓴 뿌리, 증오, 앙갚음, 복수, 불평, 미움 등을 하나님께 맡기기를 원합니다.
또한 우리 가계와 가정에 나타나고 있는 모든 문제들과 가정의 깊은 상처, 고통을 하나님 앞에 내려놓기를 원합니다.

주님, 그리스도 보혈의 능력으로 치유하여 주옵소서.
이 시간 나사렛 예수 그리스도의 이름으로 명하노니
나와 혹은 나의 조상이 경험한 각종 공포와 두려움, 수치, 충격, 봉헌, 저주, 성폭력 등이 물러갈지어다.
우리 가계와 가정을 드나드는 모든 통로들이 차단되고,
봉쇄될지어다.
나와 나의 가계에서 그리스도 보혈의 피를 뿌리노니,
모든 공간과 장소에서 활동을 중지하고 묶임을 받고 떠나갈지어다.
모든 어둠의 세력이 나사렛 예수 그리스도의 이름으로 떠나갈지어다.
주님, 이 모든 것을 제거하여 주시고, 그 위에 주님의 위로를 베풀어 주옵소서.

나와 우리 가정에 흐르고 있는 이 악한 생각의 영아,
내가 우리를 자유케 하시는 예수 그리스도의 피로 너를 대적하고,
그 악한 생각을 끊고 파쇄하노라.

이제 나와 우리 가정에서 영원히 끊어지고 파쇄될지어다.
내가 십자가에서 승리하신 예수 그리스도의 피로 너를 저주하고
대적하노라.

예수의 피로 완전히 파괴되어 우리에게서 영원히 끊어질지어다.
예수님의 이름으로 기도드립니다.
아멘.

20 사탄 마귀의 참소를 파쇄하는 기도

이 세상의 임금은 마귀이며 그들은 배후에서 세상을 조종하고 있다는 것을 믿어야 합니다. 사탄 마귀는 매 순간 그리스도인들을 참소합니다. 이제 예수의 이름으로 마귀를 결박하고 쫓아내는 결단이 있어야 합니다.

살아계신 하나님,
2천 년 전에 갈보리 언덕에서 흘리신 예수 그리스도의 보혈을 간구합니다.

예수님의 보혈은 시간과 공간을 초월하여 죄 씻기를 간절히 간구하는 사람들의 영육을 깨끗하게 하고 정결하게 해 주실 것을 믿습니다.
우리의 죄를 정결케 하여 줄 뿐만 아니라 어떠한 악한 사탄 마귀의 참소와 공격에도 우리를 막아 주실 것을 믿습니다.
예수 그리스도의 보혈로 깨끗이 씻음 받은 우리를 악한 사탄 마귀는 공격할 수 없음을 선언합니다.

우리의 영육을 예수 그리스도의 보혈로 매일 새롭게 씻음으로써 악한 사탄 마귀의 궤계로부터 해방되었음을 선포합니다.
사탄 마귀의 참소를 파쇄되었음을 선포합니다.
예수님의 이름으로 기도드립니다.
아멘.

21 유전적 대물림을 끊는 기도

가족의 유전적 질병이 가계에 대물림될 수 있습니다. 이를테면 당뇨병, 심장병, 혈액병, 빈혈증, 암, 중독증 등은 유전병으로 후손에게 전가될 수 있습니다. 악한 영들은 부모들과 조상들이 앓고 있는 질병들을 자식들에게 침입하게 하는 빌미를 제공합니다. 다는 아니지만, 속박, 영매 능력, 귀신들림은 유전적으로 전가됩니다.

이와 같이 유전적으로 후손들에게 대물림되는 죄와 저주를 끊기 위해서는 다음과 같이 보혈기도 할 수 있습니다.

능력의 하나님,
우리 조상이나 부모로부터 대물림되는 모든 유전적 죄를 예수 그리스도의 보혈로 차단하고 끊어 버리기를 원합니다.

악한 사탄의 영은 들을지어다.
조상으로부터 대물림되고 있는 중독증, 우울증, 질병을 예수 그리스도의 피로 차단하고 그 통로를 봉쇄하노라.
가계에 흐르고 있는 유전적 죄가 전가되는 것을 허락하지 아니하노니,
예수 그리스도의 이름으로 쫓아내노라.
악한 사탄에게 속했던 모든 법적 권리를 취소하고 떠날지어다.
그 위에 예수 그리스도의 보혈로 보호될지어다.
예수님의 이름으로 기도드립니다.
아멘.

22 용서의 기도

부모나 조상에게 대물림되는 죄와 허물에 대하여 원망하기 보다는 그들을 용서해야 합니다. 상처를 준 사람들을 미워하기 보다는 용서하는 기도를 해야 합니다. 용서하지 못할 때 악한 사탄이 들어올 빌미를 제공하는 것입니다. 그러므로 용서하고, 회개기도를 함으로써 악한 사탄이 들어올 통로가 차단되며 축복으로 바뀌는 능력이 됩니다. 그 용서를 위한 결단의 기도는 이렇습니다.

하나님 아버지,
아버지께서 나를 용서해 준 것 같이 나에게 상처를 준 모든 사람들을 용서하게 하옵소서.
특별히 나는 부모, 친척, 자녀, 조상 중에서 _____ 를 진심으로 용서하기를 원합니다.
이제, 저들을 향한 나의 모든 분노, 쓴 뿌리, 증오, 앙갚음, 복수, 불평 등 용서하지 못하는 마음을 하나님께 내려놓습니다.
주님, 저들을 통해 우리 가계와 가정에 공격하고 있는 악한 사탄의 세력을 멸하여 주옵소서.
예수님의 피를 바르고 뿌려 주셔서 지켜 주시기 바랍니다.
자녀에게 미치는 모든 악한 영들의 영향력을 차단하시고 멸하여 주옵소서.

나의 용서를 통해 저들을 묶임에서 풀어 주옵소서.
깊은 회개와 용서의 은혜를 주옵소서.
예수님의 이름으로 기도드립니다.
아멘.

저는 오늘 이 자리에서
제 생애의 모든 사람을
용서하기를 청합니다.
오늘 나 그대를 용서합니다.

23 맹세를 끊은 기도

우상이나 잘못된 맹세는 악한 사탄이 공격할 수 있는 법적 권리를 주게 됩니다. 큰 문제를 일으키는 원인이 되기도 합니다. 조상이 한 맹세는 당사자뿐만 아니라 그 후손에게도 영향을 줍니다. 따라서 가계에 흐르고 있는 우상이나 잘못된 맹세는 반드시 끊어야 합니다. 회개하고 취소하는 기도를 해야 합니다. 자신이나 조상이 한 맹세를 끊는 기도는 다음과 같습니다.

주님,
예수 그리스도의 이름으로 나와 조상이 섬겼던 우상과 맹세한 모든 죄를 회개합니다.
그리스도 보혈의 능력을 의지하여 나와 조상이 의식적이든 무의식적이로든 행했던 모든 행위에 대하여 파기하기를 원합니다.
이 모든 맹세가 이제 아무 효력이 없음을 선포합니다.

우리 가계와 가정에 흐르고 있는 모든 악한 영을 결박하고 묶노라.
예수 그리스도의 보혈의 공로로 끊어 버리노라.
악한 사탄에게 맹세로 인해 사로잡혀 있던 나와 조상들 그리고 사람들을 나사렛 예수 그리스도의 이름으로 풀어놓을 것을 명하노라.
예수님의 이름으로 기도드립니다.
아멘.

24 봉헌을 취소하는 기도

다음은 절이나 무당에게 받쳐진 봉헌을 취소하는 기도입니다.
반드시 결단하여 끊어야 할 기도가 있습니다. 나도 모르게 부모나 조상이 절이나 무당에게(비술, 사술, 부적) 바쳐진 봉헌은 반드시 그리스도의 피로 끊어야 합니다. 이것을 끊지 않으면 악한 사탄은 여전히 연결되어 우리의 삶에 영향을 주기 때문입니다. 우리는 사탄이 개입할 수 있는 매개체를 파쇄하는 기도를 해야 합니다.

예수 그리스도여,
부모나 조상이 무당이나 절에 받혀진 봉헌으로부터 받은 어떤 종류의 유익이나 힘 그리고 권리를 포기하기를 원합니다.
그 효력을 파괴하고 부숴 버리기를 원합니다.
완전히 제거하기를 원합니다.
우상숭배로 드려진 봉헌 등에서 아직도 남아 있는 사탄의 능력을 그리스도 보혈의 능력으로 말끔히 사라지게 하옵소서.

나사렛 예수 그리스도의 이름으로 명하노니,
그 안에 있던 악한 영들은 떠나갈지어다. 영원히 사라질지어다.
그리스도의 보혈의 능력으로 모든 죄의 허물과 질병의 저주로부터 해방될지어다.
사슬과 비술, 우상의 것들과 접촉된 것이 예수 그리스도의 이름으로 끊어질지어다.

만약 아직도 사탄이 존재하는 물건이나 매개체가 있다면 그리스도의 보혈로 파기하고, 그 효력을 무효화하노라.

주님,
저주 아래 있는 자를 복 받은 자녀 되게 하심을 감사드립니다.
우리 조상 아담과 하와가 죄를 지은 이후 모든 인간이 저주 아래 있게 되었지만, 예수님의 십자가의 보혈로 모든 저주를 무력화하고 하나님의 은혜 안에 있게 하셨음을 믿습니다.

이 시간 나의 죄와 조상들의 죄를 진심으로 회개합니다.
죄로부터 오는 모든 저주를 예수님의 보혈로 끊어버립니다.
보혈을 뿌리노니, 끊어질지어다, 멸할지어다.

죄로 인해 역사하는 모든 악한 영의 세력을 예수 그리스도의 이름으로 내쫓습니다.
예수 그리스도의 이름으로 명하노니,
모든 저주와 어둠의 영들은 묶음을 받고 떠나갈지어다.

주님의 십자가를 통하여 주신 복을 믿음으로 선포합니다.
하나님께서 약속하신 아브라함의 복이 임할지어다.
아멘.

25 저주를 끊는 기도

예수님께서 모든 저주에서 해방하기 위해 십자가에서 보혈을 흘리셨기 때문에 우리에게 임한 저주들을 끊어버릴 수 있게 되었습니다.

따라서 우리는 수시로 하나님 앞에 나아가서 철저히 회개하고 그 저주를 예수님의 이름으로 끊어야 합니다.

다음의 기도문을 날마다 선포해야 합니다.

조상들의 죄와 나의 실수와 죄로 인해 나와 가정에 임하게 된 모든 저주는 예수 그리스도의 이름으로 제거될지어다.
무효화될지어다. 소멸될지어다.
이제 어린 양으로 오신 예수 그리스도의 보혈로 말미암아
용서를 받고 의로움을 얻습니다.
아멘.

**우리 가정의 경제 생활을
힘들게 하는 더러운 저주는
끊어질지어다.**

26 말의 저주를 끊는 기도

타인의 부정적인 말, 저주의 말, 상처를 준 말 등을 차단하고 복으로 돌려보내야 합니다. 타인에 의한 저주는 사탄이 들어올 수 있는 빌미를 제공하게 됩니다. 타인이 제공한 저주의 말을 타고 들어오게 됩니다. 그 저주의 효력은 후손에게 계속 유효할 수 있습니다. 역시 저주로부터 해방 받기 위해서는 먼저 범한 죄를 철저하게 회개해야 합니다(요일 1:9 만일 우리가 우리 죄를 자백하면 그는 미쁘시고 의로우사 우리 죄를 사하시며 우리를 모든 불의에서 깨끗하게 하실 것이요).

이제 타인에 의한 저주를 다음과 같은 기도로 끊을 수 있어야 합니다.

사랑의 하나님,
나와 나의 조상이 타인에게 저주를 받을 만한 행동을 한 것이 있으면, 알게 하시고 회개하오니 용서하여 주옵소서. 특히 부정적인 말, 저주의 말, 상처를 준 말의 효력을 정지하노라.

타인에 의한 저주는 예수 그리스도의 보혈로 그 모든 저주를 차단하고 멈추게 하여 주옵소서.
타인이 한 모든 저주를 하나님의 복으로 바꾸어 주옵소서.

예수 그리스도의 이름으로 명하노니,
이로 인해 사탄이 얻게 된 모든 권리를 취소하노라.
현재까지의 삶에 미친 모든 저주의 효력을 박탈하노라.

주님의 능력으로 모든 피해로부터 회복시켜 주심을 선포하노라.
우리에게 날아온 모든 저주가 하나님의 복으로 임할지어다.
예수님의 이름으로 기도드립니다.
아멘.

예수의 이름으로 명하노니,
지금 모든 저주는 우리와 끊어질지어다.
저주의 영아,
그리스도의 이름으로
네 손목은 끊어질지어다.

27 죄성, 나쁜 습관을 불태워 버리는 기도

예수 그리스도의 능력을 힘입어 모든 죄를 버려야 합니다. 죄악과 나쁜 습관을 잘라 버리는 것만으로는 충분치 않습니다. 하나님을 닮은 성품이 우리 가운데서 자라나야 합니다. 그렇게 되기 위해서는 이렇게 기도할 수 있습니다.

주 예수님,
나를 모든 무거운 것과 얽매이기 쉬운 죄로부터 해방시켜 주옵소서.
나는 이미 말라비틀어진 죄성과 나쁜 습관을 하나님의 은혜의 제단에 올려놓았습니다. 모조리 불태워 소멸시켜 주옵소서.
뿌리마저도 뽑혀지는 은혜가 임하게 하옵소서.
완전히 태워버려 주셔서 더 이상 존재하지 않게 하옵소서.
예수님의 이름으로 기도드립니다.
아멘.

28 죄악에 드려졌던 가정이 회복되게 하는 기도

죄악에 드려졌던 당신의 생애와 당신의 가정이 주님께서 쓰시는 도구가 될 수 있도록 헌신의 기도를 해야 합니다(롬 6:12-13).
다음과 같이 기도할 수 있습니다.

우리 주 예수님,
나의 삶과 나의 가문에 있던 모든 저주로부터 자유케 하심을 믿습니다.
나와 나의 가정을 조상의 죄악과 저주로부터 해방시켜 주심을 믿습니다.
이 시간 죄와 질병과 문제들이 떠나간 자리 위에 성령으로 채워 주시기를 기도합니다.
보혈의 능력으로 회복시켜 주옵소서.
예수 그리스도의 보혈로 덮어 주옵소서.
우리가 처음 창조하신 그 모습 그대로 주님 앞에 나아가길 원합니다.
주님 앞에 다시 헌신하길 원합니다.
주님, 우리의 가정을 성결케 하옵시고, 의의 병기로 사용하여 주옵소서.
에덴동산에 처음 세웠던 가정으로 회복되기를 원합니다.
예수님의 이름으로 기도드립니다.
아멘.

29 조상과 가문과 가정의 모든 죄를 회개하는 기도

아래의 공란의 자신의 문제를 넣어 날마다 규칙적으로 열 번 이상 기도하십시오. 반드시 믿음으로 명하고, 선포할 때 성령의 역사가 강력하게 임할 것입니다. 의심하지 마십시오. 지금의 문제 위에 예수의 피로 덮는 치유기도를 강력하게 선포하십시오.

주님, 이 시간 나의 머리부터 발끝까지 그리고 내 모든 생각과 마음을 그리스도의 보혈로 씻어 주시고, 덮어 주시기를 간절히 원합니다.

나의 하나님,
나의 조상과 가문과 가정의 모든 죄를 회개하며 당신의 용서를 구합니다.
그리스도 보혈의 능력으로 모든 죄와 질병과 저주로부터 해방시켜 주시고 깨끗하게 하여 주옵소서.

세대를 통해 나에게까지 대물림된 (　　　) 죄를 회개합니다.
(　　　) 죄를 회개합니다.
(　　　) 죄를 회개합니다.
이 모든 죄악들을 용서하여 주옵소서.
그 죄 위에 그리스도의 보혈을 뿌려 주옵소서.

나는 그리스도 보혈의 권세와 능력으로 (   ) 의 죄의 대물림을 끊어버리고, 죄로 인한 저주와 질병으로부터 해방된 것을 선포합니다.
이제 나에게 있는 (   ) 죄는 우리 가정과 삶에 침입할 수 있는 법적 권리가 상실되었음을 선포합니다.
예수 그리스도의 보혈을 통해 나와 나의 후손들을 모든 속박으로부터 자유케 하심을 선포합니다.
나사렛 예수 그리스도의 이름으로 명하노니,
위 선포된 모든 기도들이 지금 우리의 환경과 모든 상황에 그대로 임할지어다.

예수님께서 그러하셨듯.
의지적이든 부주의든 나에게 해를 입혔거나 잘못했거나 악한 영향을 준 부모, 친척, 형제 그리고 사람들을 용서하게 하옵소서.
나에게 상처와 피해와 저주를 준 모든 것에 대하여 용서하게 하옵소서.
이제, 저들을 향한 나의 모든 (   ) 을 용서합니다.

예수님의 보혈로 용서를 방해하는 악한 영들이 떠나갔음을 믿습니다.
주님, 제가 받은 모든 종류의 죄와 모든 문제들이 주님의 이름으로 떠나가고 하나님의 복으로 바뀌어 임할 줄 믿습니다.
예수 그리스도 보혈의 권세로 선포하노니,
사랑과 자유와 평안함으로 축복됨을 선포하노라.
예수님의 이름으로 기도드립니다.

사탄의 권세를 이기신 예수님,
십자가의 보혈의 능력을 믿습니다.
십자가의 보혈을 통해 사탄의 공격으로부터 보호되고
나의 죄가 정결하게 됨을 믿습니다.
사탄이 아무리 공격을 하여도 어떤 영향을 받지 않음을 믿습니다.
주님, 보혈을 의지하여 문제 위에 보혈을 충만히 뿌리게 하여 주시옵소서.
예수님의 보혈을 뿌립니다.
예수님의 이름으로 기도합니다.
아멘.

30 구원과 해방을 위한 기도

하나님이 430년 동안 종살이를 하던 애굽으로 모세를 보내기까지 이스라엘 백성들은 보혈 안에 있지 않았습니다. 그들은 애굽의 신들에게 경배하여 비참하고 가혹한 노예 생활을 하고 있었습니다. 바로 그때 하나님께서는 이스라엘 백성의 삶 현장에 예수 그리스도의 보혈의 계시로 초대하셨습니다.

모세를 통해 이르시기를, 백성들이 그 달 14일에 어린 양을 잡고, 그들이 사는 집 출입문의 인방과 기둥에 그 피를 바를 것을 지시합니다. 〈출애굽기 12장 12-13절〉의 말씀입니다.

"내가 그 밤에 애굽 땅에 두루 다니며 사람이나 짐승을 막론하고 애굽 땅에 있는 모든 처음 난 것을 다 치고 애굽의 모든 신을 내가 심판하리라 나는 여호와라

내가 애굽 땅을 칠 때에 그 피가 너희가 사는 집에 있어서 너희를 위하여 표적이 될지라 내가 피를 볼 때에 너희를 넘어가리니 재앙이 너희에게 내려 멸하지 아니하리라"

죽음의 천사는 이스라엘 백성들의 집 인방과 문기둥에 바른 어린 양의 피를 볼 때 그 집 안에 있는 누구에게도 죽음이나 해를 입히지 않고 넘어갔습니다. 구원이 이루어진 것입니다. 그날 밤 4백만 명이나 되는 사람들이 자유를 얻었습니다.

주님,
그동안 비참하게 종살이하던 신분에서, 자유인의 신분으로 바꾸어 주심에 감사드립니다.
구속의 은혜를 경험하게 해 주시어 감사드립니다.

그 유월절의 피가 오늘 나의 삶에 묶여 있는 악의 억압으로부터 자유함을 얻는 능력이 될 줄 믿습니다.
믿음으로 예수 그리스도의 보혈을 나의 문제의 인방과 문기둥에 발랐사오니,
어린 양이신 예수 그리스도의 보혈을 표시로 보시고, 넘어가시는 은혜가 있게 하옵소서.

모든 죄를 깨끗이 씻어 주셨음을 믿습니다.
지금 예수님의 보혈로 말미암아 하나님의 거룩하신 임재 안으로 들어갈 수 있게 하옵소서.
그리하여 예수님의 보혈이 나를 온전히 덮어 주시는 은혜가 있게 하시옵소서.
아멘.

31 구원의 은혜에 감사기도

〈로마서 5장 9절〉의 말씀을 주시니 감사드립니다. "그러면 이제 우리가 그의 피로 말미암아 의롭다 하심을 받았으니 더욱 그로 말미암아 진노하심에서 구원을 받을 것이니." 구원은 그리스도의 보혈로 작용되는 첫 번째 은혜입니다. 구원은 오직 그리스도의 보혈을 통해서만 얻을 수 있습니다. 예수님의 보혈이 흐를 때, 모든 죄의식은 씻겨 나갑니다. 그러므로 참된 자유를 누리게 됩니다.

구원의 주님, 감사합니다.
그리스도의 보혈을 통해 성령님께서 우리 가운데 오심을 찬양합니다.
죽을 수밖에 없었던 죄인인 나를 위해 대신 십자가에 피 흘리심을 감사 찬양합니다.
구원의 은혜에 감사하며 매 순간 하나님을 높이며 영광 돌리게 하옵소서.
나의 삶 가운데 나의 입술로 주님을 찬양하며 자랑하게 하옵소서.

구원의 주님,
예수님의 피 값으로, 속량으로 대가를 지불해 주시니 감사드립니다.
그 예수 그리스도의 보혈로 자유케 해 주시고,
가장 흉악한 죄인을 깨끗하게 하여 순전하고 온전하게 만들어 주심을 믿습니다.

주님, 새 생명을 주셨음을 믿습니다.
구원의 주님, 이 시간 예수님의 보배로운 피가 나를 구해 주셨음을 고백합니다. <로마서 10장 9절> 말씀을 의지하여 고백합니다.
"네가 만일 네 입으로 예수를 주로 시인하며 또 하나님께서 그를 죽은 자 가운데서 살리신 것을 네 마음에 믿으면 구원을 받으리라"
아멘.

<로마서 10장 9절>의 말씀을 아래에 적고 묵상합시다.

<히브리서 10장 22절>의 말씀을 성경에서 찾아 아래에 적고 묵상합시다.

32 교만함을 내려놓은 기도

천사장 루시퍼는 스스로 도취하여 하나님과 같이 되려고 가장 높은 구름에 올라 하나님과 비기기를 시도하였지만 땅끝까지 낮아지고 말았으며 추악한 사탄으로 변모되고 말았습니다. 그 말씀이 〈이사야 14장 12-14절〉에 기록되어 있습니다.

"너 아침의 아들 계명성이여 어찌 그리 하늘에서 떨어졌으며 너 열국을 엎은 자여 어찌 그리 땅에 찍혔는고 네가 네 마음에 이르기를 내가 하늘에 올라 하나님의 뭇 별 위에 내 자리를 높이리라 내가 북극 집회의 산 위에 앉으리라 가장 높은 구름에 올라가 지극히 높은 이와 같아지리라 하는도다"

세상으로 쫓겨난 사탄은 하나님의 아름다운 피조물인 아담과 하와를 시기 질투하여 연약한 하와에게 먼저 유혹을 합니다.

"너희가 그것을 먹는 날에는 너희 눈이 밝아져 하나님과 같이 되어 선악을 알 줄 하나님이 아심이니라"(창 3:5)

이와 같이 인류의 조상 아담과 하와가 범한 첫 번째 범죄는 사탄의 유혹에 현혹되어 하나님과 같이 되어 하나님처럼 높아지려고 했다는 것입니다. 그러므로 우리가 가장 경계하고 주의해야 할 죄의 대상은 교만, 즉 높아지려고 하는 마음인 것입니다. 하늘에서 타락한 루시퍼나 에덴 동산에서 타락한 아담과 하와 모두의 공통적인 죄명은 높아지려고 했던 마음, 즉 교만함입니다.

주님, 보혈로 기도합니다.
자신의 위치를 망각한 채 한없이 높아지려고 하는 저의 교만함을 내려놓습니다.

주님, 자꾸 높아지려고 했던 교만의 마음을 오늘 예수 그리스도의 보혈로 뿌리 채 뽑아버립니다.
다시 처음, 초심으로 돌아갑니다.

높아지려고 하는 교만의 영은 들으라,
예수 그리스도의 보배로운 피로 교만의 영을 쫓아내노니,
당장 나갈지어다. 떠날지어다.
교만의 영에게 피를 뿌려 멸하노라, 더 이상 들어올 수 없도록 그 통로를 보혈로 차단하노라.
더불어 겸손의 영이신 주 예수의 은혜로 내 마음을 채워 주소서.
아멘.

33 보혈의 능력을 믿는 기도

예수님의 보혈은 과거, 현재, 미래의 모든 역사를 변화시키는 능력이 있습니다. 그래서 순간마다 보혈의 능력을 명확하고 큰 소리로 선포해야 합니다. 큰 나팔소리로 세상을 향하여 불 듯이 선포해야 합니다.

오늘날에도 보혈의 능력은 결코 약해질 수 없습니다. 어떤 것도 예수님의 보혈의 능력을 제한할 수 없습니다. 우리는 그리스도의 보혈로 하나님을 위하여 구별되고, 대가를 주고 산 존재가 되었습니다.

예수님의 보혈은 구원의 능력이 있습니다.
보혈에 치유의 능력이 있음을 믿습니다.
보혈은 하나님과 단절된 관계가 회복되는 능력이 있습니다.
예수님은 우리의 모든 죄와 연약함과 질병과 가난과 저주를 대신 짊어지셨습니다.
나사렛 예수 그리스도의 피가 내 마음에 큰 증거가 되었음을 믿습니다.
마음속에 불의와 부정과 불안과 초조와 공포와 고통을 주는 원수 마귀는 예수님의 보혈의 능력으로 명하노니, 내게서 떠나가라!
우리는 보혈의 능력으로 죄 사함을 받았습니다.
병을 치료받았습니다.
아브라함의 복을 받았습니다.
영생 천국의 소망을 얻었습니다.
아멘.

34 죄책감을 내려놓는 기도

죄사함을 받은 그리스도인이 죄책감으로 힘들어한다면 그것은 사탄 마귀가 주는 것입니다. 특히 완벽주의적인 기질, 완전한 것을 좋아하든지, 남을 정죄하는 사람들에게서 나타납니다. 이들은 우울하고 어둡고 눌림 가운데 있습니다. 이런 경우는 강력하게 악한 영에게 대적하십시오. 마귀가 넣어주는 죄책감을 거부해야 합니다.

생각이 어둡고 염세적인 성품, 항상 비판적인 사람, 심약한 기질 등 이러한 경우도 마귀가 주는 죄책감에 빠지기가 쉽습니다. 사탄 마귀는 항상 우리의 약점을 공격합니다.

마귀야, 나는 죄인이며 많은 잘못을 저질렀다.
그러나 나는 예수 그리스도의 피 값으로 모든 것을 완전히 용서받았다.
주님의 십자가로의 보혈이 나를 덮으셨다.
그러므로 이 악한 영들아, 내게서 당장 떠나가라!

자비의 하나님,
예수님의 십자가의 공로로 의지하여 기도합니다.
나의 부끄러움과 죄책감은 사라질지어다.
내 속에 있는 모든 어둠의 세력은 사라질지어다.
거짓된 양심의 가책은 제거될지어다.
나의 심령이 정결하게 된 것을 믿습니다.

그리스도의 보혈로 우리의 죄와 수치를 덮어 주시니 감사합니다.
주님의 사랑과 은혜로 기쁨을 주시니 감사합니다.
주님, 마귀가 주는 모든 죄책감에서 벗어나게 하시니 행복합니다.
아멘.

**예수 그리스도의 이름으로 네게 명하노니,
당장 죄책감은 내려놓을지어다.**

35 평안을 누리는 기도

더러운 영이 나가면 마음이 정화된 것입니다. 마음이 청소되고 치유되었다는 것을 의미합니다. 회복이 된 마음에 더 이상 더럽고 추악한 영이 들어올 수 없게 됩니다.

이제 내 마음이 보혈의 은혜로 정결하게 되었음을 선포하십시오. 깨끗하게 청소되었음을 인정하십시오. 거기에 천국의 영광과 기쁨이 가득 채워졌습니다.

평안의 주님,
예수 그리스도의 보혈로 죄 사함을 받고 참된 평안을 누리게 하옵소서.
나의 죄가 깨끗한 눈처럼 희게 하여 주옵소서.
깨끗한 영의 모습으로 하나님 앞에 서게 하시고,
맑아진 심령으로 주님을 영안으로 볼 수 있는 은혜를 누리게 하옵소서.
주님을 닮는 의로운 삶을 살아가게 하옵소서.
마귀를 쫓아낸 그 자리에 주님의 말씀과 임재와 영으로 가득 채워 주시니 감사드립니다.
아멘.

36 불안, 초조, 공포를 멸하는 기도

　마귀는 현대의 사람들에게 우울함과 어두움, 불안과 두려움, 그리고 초조와 공포 등을 마음에 넣어 줍니다. 그래서 지독한 절망감이나 좌절감의 삶을 살게 합니다. 혹 갑자기 마음속에 외로움이나 슬픔이 올라오기 시작할 때 그것을 향해 보혈을 뿌리고 바르십시오. 그 배후에 악한 영들이 존재하기 때문입니다.
　보혈기도를 통해 우울함을 버리고 감사함과 기쁨의 마음을 가질 수 있습니다. 보혈로 악한 영을 쫓아낼 수 있습니다.

**나사렛 예수 그리스도의 피가 이기었노라.
마음속에 불의와 부정과 불안과 초조와 공포와 고통을 주는 원수 마귀는 당장 내게서 떠나갈지어다.
내 가슴을 짓누르고 있는 원수 마귀를 예수 그리스도의 피 흘림으로 명령하노니 떠나갈지어다.
내가 예수님의 보혈을 뿌리노라.
아멘.**

　〈신명기 28장 66-67절〉 말씀은 하나님의 말씀을 순종하지 않고 그를 떠나는 이들에 대한 경고의 메시지입니다. 이 말씀은 현대인들이 겪는 불안과 두려움의 증상을 잘 보여 주고 있습니다.

신 28:66-67

"네 마음의 두려움과 눈이 보는 것으로 말미암아 아침에는 이르기를 아하 저녁이 되었으면 좋겠다 할 것이요 저녁에는 이르기를 아하 아침이 되었으면 좋겠다 하리라
여호와께서 너를 배에 싣고 전에 네게 말씀하여 이르시기를 네가 다시는 그 길을 보지 아니하리라 하시던 그 길로 너를 애굽으로 끌어 가실 것이라 거기서 너희가 너희 몸을 적군에게 남녀 종으로 팔려 하나 너희를 살 자가 없으리라"

예수님, 십자가의 보혈로 기도합니다.
천국에는 항상 평화와 기쁨만 가득한 줄 믿습니다.
이같이 내 삶도 늘 평강과 기쁨만이 임하게 하옵소서.
지금 불안과 두려움에 자주 사로잡히는 환경적인 문제와 생각들을 제거하여 주옵소서.
나사렛 예수 그리스도의 이름으로 명하노니,
 어두움의 영들과 관련을 맺고 있는 모든 환경과 생각들을 파멸하여 주옵소서.
사라지게 하옵소서.
불안과 염려, 근심, 두려움, 초조 등이 주님의 통치를 받음으로 기쁨과 평강이 임하게 하옵소서.
아멘.

37 나를 제단 위에 산 제물로 올려놓는 기도

하나님과 화해하기 위하여 피 흘림이 절대적으로 필요하다는 것이 성경의 핵심입니다. 피의 희생 제사는 죄 없으신 예수님이 완전한 희생제물인 것과 그의 흘리심을 통하여 하나님과 화해할 수 있다는 상징입니다.

구약시대에는 희생제사가 연중 매일 그리고 특별한 상황에서도 드려졌으나, 예수님의 피는 오직 단 한 번 드려짐으로써 전 인류를 대속할 완전한 희생제물이 되신 것입니다.

하나님이 레위기에서 지시한 희생제사 제도를 수행하는 데 있어서 가장 중요한 것은 피였습니다. 그 피의 제사를 예수님이 대신 산 제물이 되어 주셨습니다.

예수님, 나를 위하여 피를 흘려 주시니 감사합니다.
자신의 죄를 위하여 희생 제물을 드릴 필요가 없게 해 주심에 감사드립니다.
죄가 없으신 주님께서 대신 죄를 친히 담당해 주시셨으니,
정말 감사합니다.
자신의 피 흘림을 통하여 희생제물이 되신 예수님!
하늘의 지성소에서 제물 없이 믿음으로 드리는 저희들의 기도를 받아주시니 감사합니다.
특별히 <갈라디아서 4장 4-5절> 말씀을 주시니 감사합니다.
"때가 차매 하나님이 그 아들을 보내사 여자에게서 나게 하시고 율법 아래에 나게 하신 것은 율법 아래에 있는 자들을 속량하시고 우

리로 아들의 명분을 얻게 하려 하심이라"

주님,
나의 몸 전체를 주님의 제단 위에 거룩한 산 제물로 올려놓습니다.
특별히 나의 머리와 눈, 코, 입을 거룩한 산 제물로 올려놓습니다.
또한 나의 손과 발을 올려놓습니다.
주님의 보혈을 뿌려 주시어 더욱 거룩하게 해 주옵소서.

사랑의 주님,
주님의 보혈이 헛되지 않도록 십자가의 은혜를 온 세상에 알려 하나님께 영광을 돌려드리는 자녀가 되겠습니다.

주님의 보혈로 제단에 올려드린 저를 거룩한 백성으로 삼아 주시옵소서.
거룩한 하늘나라 상속자가 되게 하옵소서.
예수님의 이름으로 기도합니다.
아멘.

38 삶의 문제를 회복시키는 기도

지금 당장 여러분이 머문 곳, 집이든, 주방이든, 그것이 일터 현장에서든, 사고 현장에서, 상처 가운데, 질병 중에, 근심과 염려 가운데, 사탄과 대적 중에, 아이의 아픔 중에, 우울증에서, 즉시 큰 소리로 예수의 피를 간구하고 예수의 이름으로 명령해야 합니다.

주님, 당신의 뜨거운 보혈을 머리부터 발끝까지 뿌립니다.
나의 가정, 직장, 공동체에도 보혈을 뿌립니다.
거룩하신 하나님,
예수님의 보혈을 통해 새롭게 하여 주옵소서.
저의 생각과 마음에 있는 상처와 아픔들 위에 주님의 보혈을 뿌립니다.
주님의 보혈이 이 나라의 방방곡곡에 강같이 흘러 덮어 주시옵소서.

우리의 삶 현장에 처한 문제 위에 주님의 보혈을 뿌립니다.
특별히 무력감과 우울감에 보혈을 뿌리오니,
회복되게 하시고 새롭게 하옵소서.
사탄을 향하여도 보혈을 뿌립니다. 그러므로 추방됨을 믿습니다.
예수님의 이름으로 기도합니다.

하나님 아버지,
하나님의 보혈을 의지하여 기도합니다.
예수님의 보배로운 피를 삶의 문제 위에 뿌립니다.
그 믿음을 보시고 하나님의 기적이 임하게 하옵소서.
십자가의 보혈로 담대하게 마귀와 대적하오니,
보혈의 능력으로 승리하게 하옵소서.
오늘도 승리를 향한 한보 전진의 삶을 주심에 감사드립니다.
아멘.

보혈로 사탄을 대적하노라.
지금 사탄을 향하여
예수의 피를 뿌리노라.
바르노라.

39 가난을 끊는 기도

수시로 가난의 영을 대적하십시오. 가난과 궁핍의 영은 악한 영이 주는 것입니다. "황충이 땅의 풀을 다 먹은지라 내가 가로되 주 여호와여 청컨대 사하소서 야곱이 미약하오니 어떻게 서리이까 하매"(암 7:2). 악한 영들의 장난이라면 악한 영들을 대적하고 결박해야 합니다.

가난의 영을 대적할 때 궁핍으로부터 벗어나게 됩니다.

**악한 영들아, 하나님께서 내게 주신 물질을 다 내놓아라!
예수의 이름으로 명하노니,
지금까지 나에게서 가져간 것을 다 토해놓아라.
사랑의 주님, 주님의 보혈을 의지하여 기도합니다.
그리스도 보혈의 권세를 의지하여 가난의 영에게 명하노니,
불황은 멈출지어다.
도둑 가난의 영은 끊어질지어다.
경기침체는 회복 될지어다.
가난과 궁핍은 사라질지어다.
이제 보혈의 능력으로 재물이 풍요로워질지어다.
부유함을 누릴지어다.
아멘.**

40 분별하는 영의 기도

우리의 영이 예민해지면 영적 분별력이 생기고 영적 감각이 새로워지면서 주님의 임재를 느끼고 경험하게 됩니다. 영의 감각이 깨어나고 영이 열려야 영적전쟁에서 어두움의 영들을 물리칠 수 있습니다.

영이 열리고 빛의 힘이 강해지면 주님을 사랑하고 그분으로 말미암아 행복하게 됩니다.

성령님,
영적 감각이 둔하여 흑암의 영들로 덮이지 않게 하옵소서.
이 시간 보혈로 지켜 주시사 악한 기운이 주는 더럽고 어둡고 칙칙한 느낌 등을 막아 주옵소서.
주님, 영 분별력을 잃어 이단과 같이 이상한 곳에 빠지지 않게 하옵소서.
세상의 쾌락과 미움과 시기와 각종 악한 영들의 열매를 가지고 살지 않도록, 이 시간 모든 악의 영이 준 영향력을 예수의 보혈로 파쇄하노라.
영을 건강하게 하시어, 나쁜 영의 분별하여 악한 기운이 들어오지 못하도록 방어벽을 쌓게 하옵소서.
예수님의 보혈을 의지하여 기도하오니,
악한 영이 주는 모든 기운이 드나드는 통로의 문을 닫아버리노라.
아멘.

지혜의 근원이신 주님,
악한 영들이 난무하는 이 세상에서 하나님의 것을 구별할 수 있는 분별의 영이 필요합니다.
그 분별의 영을 주사, 담대하게 거짓의 영을 꾸짖고 쫓아내는 능력이 임할 것을 믿습니다.
지혜의 영과 명철의 영이 충만하여, 참되신 하나님을 증거하며 살아가게 하옵소서.
아멘.

주님, <누가복음 10장 19절> "내가 너희에게 뱀과 전갈을 밟으며 원수의 모든 능력을 제어할 권능을 주었으니 너희를 해칠 자가 결코 없으리라" 말씀을 의지하여, 내 안에 잠재되어서 숨어버린 영을 분별합니다.
내 속에 숨어버린 나쁜 영들을 끝까지 추적해서 끄집어내어 쫓아내게 하옵소서.
예수의 피로 내 속에 있는 악한 영을 결박하노라.
악한 영의 세력을 묶어서 아주 멀리 내쫓노라.
아멘.

41 능력으로 드리는 기도

사탄과 그의 졸개 귀신들은 예수님의 보혈에 대한 메시지를 가장 싫어합니다. 왜냐하면 예수님의 보혈은 바로 그들의 멸망을 의미하기 때문입니다. 다함께 예수님의 보혈의 권능을 담대히 선포하십시다. 먼저, 〈히브리서 9장 22절〉 "율법을 따라 거의 모든 물건이 피로써 정결하게 되나니 피 흘림이 없은즉 사함이 없느니라" 말씀을 암기하여 큰 소리로 외칩시다.

예수님의 보혈은 구원의 능력이 있음을 믿습니다.
하나님과 단절된 관계가 회복되는 능력이 있습니다.

주님!
보혈의 능력을 믿습니다.
나는 죄 사함을 받았습니다.
병을 치료받았습니다.
아브라함의 복을 받았습니다.
영생 천국의 소망을 얻었습니다.
주님께서는 회개하는 자를 용서하십니다.
믿는 자를 구원하십니다.
눌린 자를 자유케 하십니다.
가난한 자를 부유케 하십니다.
보혈이 모든 단절을 회복시켜 주십니다.
아멘.

42 권능으로 드리는 기도

예수님의 보혈에는 권능과 능력이 있습니다. 거룩하신 하나님의 임재 안으로 들어갈 수 있습니다. 구속(피로 사심)으로 말미암아 가능합니다. 〈히브리서 10장 19절〉에서는 "그러므로 형제들아 우리가 예수의 피를 힘입어 성소에 들어갈 담력을 얻었나니"라고 말씀하고 있습니다.

예수님의 보혈이 없기에 죄와 불순종이 들어온 것입니다. 다시 보혈로 사탄의 왕국을 궤멸시키고 그들의 결박과 진을 무너뜨립시다.

주님, 보혈의 능력을 믿습니다.
예수님의 보혈에는 놀라운 기적과 능력이 있습니다.
죄사함, 성령충만의 능력 그리고 치유의 능력이 있습니다. 그리고 회복시키어 보호해 주는 능력이 있습니다. 그 보혈의 능력이 나의 문제와 아픔 위에 뿌려 주시는 은혜가 있게 하옵소서.
<히브리서 9장 22절>에 피흘림이 없은즉 사함이 없다고 말씀하셨습니다.
<출애굽기 12장 12-13절>에 하나님께서 그 피를 보시고 넘어가 주신다고 말씀하셨습니다.
<히브리서 13장 12절>에 예수님께서 피를 흘리심은 우리를 거룩하게 하시려 함이라고 말씀하셨습니다.
이 말씀들을 확실히 믿습니다.
이것이 믿음의 표징이오니 우리의 삶에 그리스도의 보배로운 피를 뿌려 주시고 그 능력을 체험하는 은혜가 있게 하옵소서. 아멘!

43 탐식의 영

창세기를 보면 하나님은 아담에게 동산에 있는 모든 열매를 따 먹어도 되지만 선과 악을 알게 하는 나무의 열매는 먹지 말라고 하셨습니다(창 2:16-17). 그러나 사탄은 '이걸 먹는다고 무슨 대단한 일이 일어나겠는가?'라며 그들을 유혹했습니다.

쌍둥이 에서는 너무 허기졌기에 맏아들 권리를 대수롭지 않게 생각하고 동생 야곱에게 그것을 팔아버렸습니다(창 25:32-34). 사실 모든 병의 원인은 바로 음식을 지나치게 많이 먹고 마시는 탐식에 있습니다. 탐식의 유혹은 악한 영이 주는 것입니다.

사탄은 광야에 계신 예수님에게 우선 먹는 것으로 그분을 유혹합니다(마 4:3). 예수님은 〈신명기 8장 3절〉의 말씀으로 사탄의 유혹을 단호하게 물리치셨습니다. 얼마든지 탐식의 영을 말씀으로 물리칠 수 있습니다.

주님! 보혈의 기적을 믿습니다.
나의 어두운 영적 눈이 밝아지는 은혜를 입게 하옵소서.
영의 눈이 밝아져 하나님의 나라를 보게 하시니 감사합니다.

주님, 이 시간 탐식의 원인들을 차단합니다.
식욕을 자극하는 모든 요인들을 거부합니다.
내 삶 주변에 다양한 매체들이 식욕을 자극하고 부추기고 있습니다. 물론 힘든 노동을 하고 먹어야 하지만 음식에 집착하지 않도록 하여 주옵소서.

음식을 먹는 것은 인간의 본능이지만 지나친 욕구를 끊어 버릴 수 있게 해 주옵소서.

내 주변에 많은 먹거리가 넘쳐나 있습니다.
무분별한 식습관으로 인해 여러 성인병 발병률이나 비만율이 증가하고 있습니다.
최근 청소년 비만이 사회문제로 부각되고 있습니다.

주님, 이 시간 영적으로 결단합니다.
단식, 철야기도, 성경통독, 찬양 등의 영적생활을 통해 탐식의 영을 무디게 하기 원합니다.
주님, 정해진 시간에 정해진 곳에서 적당히 음식을 취하기 원합니다.
필요한 만큼만 먹는 절제의 자세를 갖추게 하옵소서.
예수님의 보혈의 능력이 하나님의 은총을 입어 탐식의 영을 물리치게 하옵소서.
아멘.

44 간음의 영

누구든지 간음의 영에 걸려들면 넘어질 수밖에 없습니다. 간음의 생각들을 품고 있으면 즉시 사탄이 다가와 위험에 떨어지게 합니다(마 5:27-28). 사탄이 가장 잘 사용하는 계략이 바로 간음의 덫에 쉽게 걸려 넘어뜨리는 것입니다. 그렇다면 간음의 유혹을 이길 수 있는 방법은 무엇일까요?

철야기도, 말씀묵상 그리고 영적 지도자에게 도움을 청하는 것입니다.

그리고, 두 손을 활짝 펼치고 가슴으로 숨을 깊게 쉬며 시선은 하늘을 향해서 기도하는 것입니다. 그리하면 성령이 내 안에 머물며 극복할 수 있습니다.

주님! 예수님의 보혈이 강물처럼 내 삶속에 흐르게 하시니 감사드립니다.
주님의 보혈을 내 몸에 뿌리고 덮어 주시니, 생명의 피가 흐르고 있음을 믿습니다.

나사렛 예수 그리스도의 이름으로 명하노니,
나의 간음의 생각에 보혈을 뿌리고 바르노라.
육체적인 본능적인 욕구에 전혀 동요하지 않고 단호하게 거절합니다.

주님, 성령 안에서 충만히 살기를 원합니다.
내 안에 성령이 머물게 되어 완전한 정결의 은혜가 임할지어다.

지금 당장 성적인 생각은 떠나갈지어다.

간음의 유혹을 예수의 보혈로 뿌려서 쫓아내노라.
하나님의 도움을 통해 간음의 유혹을 극복합니다.
아멘.

**음란의 영, 간음의 영은
예수의 이름으로
나올지어다.
떠날지어다.
소멸될지어다.**

45 탐욕의 영

탐욕은 재물을 섬기는 우상적 태도입니다. 바울 사도는 탐욕에 떨어진 사람은 결코 하나님 나라를 차지할 수 없음을 지적했습니다(고전 6:10). 탐욕이 없는 사람은 얼굴이나 마음이 언제나 고요하고 평화로운 호수와 같아 보입니다. 탐욕은 모든 악의 뿌리며 우상숭배이기 때문에 포기해야 합니다.

주님은 나에게 생명 주시기 위해 십자가에서 피 흘려 주셨습니다.
주님은 나에게 참된 자유와 평화를 주시기 위해 피 흘려 주셨음을 믿습니다.
나의 옛 사람은 죽고 새로운 삶을 살도록 해 주셨습니다.

주님, 다음의 말씀을 의지하여 탐욕을 경계합니다.
<골로새서 3장 5절>의 말씀을 읽고 적으며 선포합니다.

"그러므로 땅에 있는 지체를 죽이라 곧 음란과 부정과 사욕과 악한 정욕과 탐심이니 탐심은 우상 숭배니라"

<누가복음 12장 15절> 말씀에 귀를 기울입니다.

"그들에게 이르시되 삼가 모든 탐심을 물리치라 사람의 생명이 그 소유의 넉넉한 데 있지 아니하니라 하시고"

하나님의 말씀을 깊이 묵상함으로 탐욕으로부터 자유케 해 주심에 감사드립니다.
아멘.

**탐욕의 영은
예수님의 이름으로 묶임 받고
떠나갈지어다.**

46 분노의 영

가인의 화(창 4:1-16), 요나의 분노(욘 4:1-11) 큰 문제를 가져왔습니다. 분노와 화는 남과 자신을 비교함으로써 올 수 있습니다. 또 이기적인 사고에서 옵니다. 분노는 복수하고자 하는 욕망 때문입니다. 그리고 분노와 화는 쉽게 폭력으로 이어집니다.

주님! 존귀하신 보혈을 흘려주신 은혜에 감사드립니다.
주님의 사랑을 믿습니다.

예수님의 이름으로 명하노니,
자기중심적인 사고방식을 거부합니다.
남과 자신을 비교하는 것을 거부합니다.
화나 분노의 원인이 되는 모든 관계에 예수님의 보혈을 뿌립니다.

이 시간 분노를 일으키는 모든 원인을 끊어버립니다.
기도를 통해 나의 마음을 가라앉힙니다.
나의 말과 행동을 분노로 표출하는 것을 금합니다.
우리 마음속에서 타오르는 분노를 금합니다.

주님, 보혈을 의지하여 영혼의 깊은 곳에서부터 분노와 화의 영을 뿌리째 뽑아버립니다.
분노의 영이 나의 마음에 들어오는 것을 허락하지 않노라.

조금도 뿌리내리지 못하도록 모든 통로에 보혈을 뿌리노라.
분노에 노출되어 있는 모든 상황을 예수의 피로 덮노라.
성령님의 은총과 자비를 구합니다.
마음이 온전히 고요와 평화 속에 머물러 있노라.
아멘.

다음의 말씀을 찾아서 적어보십시오.
엡 4:26-27

엡 4:31

골 3:8

약 1:20

_____

_____

_____

**불신과 분노를 조장하는 세력들은
예수의 이름으로 사라질지어다.
예수의 이름으로 명령하노니,
분노의 영은 분리될지어다.**

47 우울감과 슬픔의 영

우울증과 슬픔을 그대로 방치하면 죽음을 택하게 됩니다. 우울증과 슬픔이 지나치면 기운이 떨어지고 그것은 곧 죽음으로 이어질 수도 있습니다. 물론 긍정적인 면도 있습니다. 거룩한 슬픔은 통회나 눈물을 동반합니다. 그러나 사탄이 준 근심이나 슬픔은 악한 영이 개입하여 덮칠 수 있습니다.

주님!
오늘도 보혈의 은혜로 우리의 현실에서 살아 역동케 하시니 감사드립니다.

예수님, 모든 근심, 우울감 그리고 슬픔을 거부합니다.
세상적인 슬픔이나 낙담이 나에게 다가올 때 애초에 그것을 차단하고 물리치게 하옵소서.
영적 기도함으로 슬픔을 물리칩니다.
예수님의 자비와 은총을 간절히 간청합니다.
보혈로 참된 자유인이 되었습니다.
아멘.

48 게으름의 영

나태는 죄를 범할 수 있습니다. 영적 나태함은 영혼을 마비시켜 마음과 정신을 느슨하게 합니다. 나태에서 호기심이 발생하고, 호기심에서 무질서함이 생겨납니다.

주님!
보혈을 손과 발에 부어 주사 복음 전파에 앞장서게 해 주시니 감사드립니다.

주님, 매일의 단조로운 일상을 거부합니다.
나태의 온갖 유혹과 권태를 차단합니다.
보혈로 게으름의 영을 파괴시킵니다.
주님의 자비와 은총을 간절히 간청합니다.
치명적인 독을 품고 다가오는 나태의 영을 십자가의 보혈로 물리칩니다.
영적 나태와의 치열한 싸움에서 이겼음을 선포합니다.
주님, 성령 충만함으로 가득 채워 주시니 감사합니다.
아멘.

49 교만의 영

교만은 하나님의 존재를 부정하며 다른 사람을 경멸합니다. 교만한 사람은 논쟁하기를 좋아합니다. 하나님의 도움을 전혀 필요로 하지 않습니다. 영적 교만은 자신을 하나님보다 높이 두는 것입니다.

주님!
보혈을 우리 심령에 부어 주시사 주님을 더욱 뜨겁게 사랑하게 하시니 감사드립니다.

주님, 나의 교만함을 내려놓게 하여 주옵소서.
주님, 나의 삶에 다가오는 고통들을 겸손으로 기꺼이 받아들입니다.
주님, 늘 겸손을 간직합니다.
주님, 말씀을 깊이 묵상하면서 주님의 은총 안에서 겸손을 유지합니다.
주님, 겸손함으로 구원의 완성이 이루어지게 하옵소서.
주님, <시편 118편 13-14절> 말씀을 고백합니다.
아멘.

50 비판과 비난의 영

사람들에 대해 서슴지 않고 비판하는 사람이 있습니다. 다른 사람들은 다 옳지 않고 오직 자신만이 옳다는 것입니다. 이 비판의 영은 마귀로부터 오는 것입니다. 최종적인 심판은 주님만이 합니다.

모든 비난은 사람들의 영혼을 죽입니다. 그것은 날카로운 창과 같고 화살과 같아서 사람들의 가슴과 영혼에 깊은 상처와 충격을 남깁니다. 비난은 저주하는 것과 같습니다. 파괴하고 죽이는 능력입니다. 그러므로 절대로 비난해서는 안 됩니다. 기억하십시오. 비난의 영도 마귀에게서 오는 것입니다.

주님!
예수님의 보혈을 우리 머리에 부어 주사 내 몸 전체로 흐르게 해 주시니 감사드립니다.

이 비판과 비난의 영아!
예수 그리스도의 이름으로 명한다. 내게서 떠나가라!
이제 나는 아무도 비판과 비난하지 않겠다. 오직 예수의 이름으로 자녀를 축복하고 배우자를 축복하고 목회자를 축복하고 교회를 축복할 것이다.

대통령을 축복할 것이다.
나라를 사랑하고 축복할 것이다.

주님, 나의 입술로 비판하고 비난했던 것들을 회개합니다.
아무도 비난하지 않겠습니다.
주님, 늘 사랑과 격려와 축복의 사람이 되겠습니다.
예수님의 이름으로 기도합니다.
아멘.

**비판과 비난의 영은
내 삶의 영역에서
완전히 소멸될지어다.**

51 혼미케 하는 영

혼미케 하는 영을 대적하십시오. 〈고린도후서 4장 3-4절〉에는 놀라운 말씀이 있습니다. "만일 우리의 복음이 가리었으면 망하는 자들에게 가리어진 것이라 그 중에 이 세상의 신이 믿지 아니하는 자들의 마음을 혼미하게 하여 그리스도의 영광의 복음의 광채가 비치지 못하게 함이니 그리스도는 하나님의 형상이니라"

복음은 명백하고 분명하게 말씀하고 있습니다. 그런데 이 세상 신, 즉 사탄 마귀가 사람의 마음을 혼미케 하여 복음의 빛을 깨닫지 못하게 합니다. 진리를 깨닫는 것을 방해하고 있습니다. 그래서 사람들은 설교를 들어도, 성경을 읽어도 변화되지 않습니다. 이제 혼미케 하는 영을 찾아서 대적하고 쫓아내야 합니다.

주님! 이 시간 우리를 사랑하사 흘리신 보혈을 기억합니다.
주님, 낮고 겸손한 마음으로 주님 앞에 엎드립니다.
예수 그리스도의 피를 의지하여 나를 혼미케 하는 영을 꾸짖고 대적합니다.
내 뇌를 붙잡고 있는 혼미함의 영은 떠나갈지어다.
그리스도의 피를 뿌리고 바르므로 영이 맑아지고 단순하며 순결한 영으로 은총을 누릴지어다.
혼미한 생각을 대적합니다.
예수의 이름으로 모든 혼미한 생각과 졸음과 공상에 보혈을 뿌리노니, 머리는 항상 청명하고 맑을지어다. 아멘.

52 지나친 애정의 영

사람들은 본능적으로 사랑을 갈망합니다. 그러나 지나친 애정의 욕망이 재앙의 시작이 될 수도 있습니다. 과도한 애정의 욕구가 자신과 다른 이들의 삶을 황폐하게 만듭니다. 이는 종종 소유욕과 집착으로 발전해갑니다. 그것은 상대방을 지배하려고 하며 통제하려는 성향으로 나아갑니다.

애정에 대한 집착은 상대방의 기운을 질식시킵니다. 스토커와 같은 사람의 사랑을 진정한 사랑이라고 생각하지 않습니다.

악한 영들이 장난을 쳐서 집착과 소유욕을 주어 관계를 깨지게 합니다. 이를 예수의 피로 대적해야 합니다.

주님!
한 주간도 지은 허물과 죄를 예수님의 보혈로 정결케 해 주시니 감사드립니다.

주님, 지나치게 극단적으로 애정에 빠져 시기와 질투, 지배와 욕망만이 들끓는 사랑이 되지 않도록 하나님이 주시는 아름다움과 순결함으로 채워 주옵소서.
주님으로부터 오는 사랑으로 순결하며 아름답고 진리로 가득한 관계되게 하옵소서.
주님, 악한 영이 주는 애정을 대적합니다.
예수의 보혈로 물리칩니다.
악한 영이 주는 집착과 소유욕, 지배욕은 예수의 이름으로 명하노니, 당장 사라질지어다.

오직 주님의 이름으로 사랑하고 사랑을 받기를 소원합니다.
잘못된 사랑의 집착에서 벗어날지어다.
악한 영이 들어오는 모든 통로를 그리스도의 피로 차단하고 봉쇄하노라.
이 시간 주님으로부터 오는 사랑으로 가득할지어다.
아멘.

그렇습니다. 보혈을 의지하여 살아있는 예배, 교회, 신앙인들에겐 악한 영을 멸할 권세가 주어졌습니다. 그리하여 우리는 영적인 눈을 떠야 합니다. 그리하여 원수의 세력을 분별하고 기도함으로 초토화시켜야 합니다.
부디 실제적인 자유와 승리를 경험하시기를 바랍니다.

눅 10:18-20
예수께서 이르시되 사탄이 하늘로부터 번개 같이 떨어지는 것을 내가 보았노라
내가 너희에게 뱀과 전갈을 밟으며 원수의 모든 능력을 제어할 권능을 주었으니 너희를 해칠 자가 결코 없으리라
그러나 귀신들이 너희에게 항복하는 것으로 기뻐하지 말고 너희 이름이 하늘에 기록된 것으로 기뻐하라 하시니라

4장

보혈의 가치

4장 보혈의 가치

출 17:11
모세가 손을 들면 이스라엘이 이기고 손을 내리면 아말렉이 이기더니

사명을 감당하는 사역자

끈질기게 기도하십시오.

그러면 하나님이 역사하십니다. 보혈기도를 방해하는 장애물을 걷어내고 하나님의 능력 넘치는 기도용사가 되십시오.

우리가 잘 신앙생활을 열심히 하는 도중에도 우리의 사업이나 가정, 육신이나 정신적인 것에 아말렉 같은 원수 마귀가 시시때때로 도전을 해 오고 괴롭힙니다. 이 마귀와의 싸움에서 승리할 수 있는 비결은 온전한 순종입니다.

하나님께서 모세에게 말씀하셨습니다.

"내가 네게 지팡이를 주지 않았느냐? 그 지팡이를 가지고 아론과 훌과 더불어 산꼭대기에 올라가서 전쟁을 시작하라." 이 명령에 어떤 의심이나 반문을 하지 않고 불평 없이 모세는 "예"하는 절대 순종으로 지팡이만 가지고 산꼭대기로 올라갔습니다. 아론과 훌도 모세를 묵묵히 따랐습니다.

산꼭대기까지 올라간 모세는 하나님의 말씀대로 지팡이를 들고 믿음으로 기도하고 순종으로 손을 번쩍 들었더니 과연 기적이 일어났습니다.

독수리는 새 중의 왕이기 때문에 다른 새들이 그 둥지에는 얼씬도 못합니다. 그러나 어미 독수리가 먹이를 구하러 나가고 둥지에 새끼들만 남아 있으면 어느 틈엔가 늙은 까마귀가 와서 새끼들의 먹이도 빼앗아 먹고, 새끼

눈까지 파 먹어버립니다.

우리가 먼저 해야 할 일은 우리의 약하고 어린 면을 사탄 마귀에게 보이지 않아야 합니다. 늘 당당하고 담대하게 마귀의 궤계를 물리쳐야 합니다.

지금 하나님께서 〈고린도전서 15장 58절〉 말씀을 주십니다. 함께 묵상하고 아래에 적어봅시다.

"그러므로 내 사랑하는 형제들아 견실하며 흔들리지 말고 항상 주의 일에 더욱 힘쓰는 자들이 되라 이는 너희 수고가 주 안에서 헛되지 않은 줄 앎이라"

_____

_____

_____

어느 미국인 선교사가 아프리카에서 수많은 수고와 노력과 열정을 쏟아부어 선교를 했음에도 불구하고 선교사 생활에서 큰 열매를 거두지 못하였습니다. 그러던 어느 날 작은 아들이 병으로 죽고, 이어서 2년 후에는 큰 아들이 죽었습니다. 그 충격으로 사모님마저 죽게 되었습니다. 그러던 중 선교 파송 교회가 어려워져 재정적인 압박도 함께 받게 되어 영적으로, 육적으로 큰 상처를 입고 선교를 포기하기로 마음을 먹고 귀국을 하게 되었습니다.

"나는 왜 이렇게 시련이 많을까?" 큰 상처를 입고 하나님을 원망하며 배를 타고 조국인 미국으로 귀국하는데, 마침 아프리카에서 사냥을 하고 돌아가는 미국 대통령과 한 배를 타게 되었습니다.

배가 미국 샌프란시스코에 도착하자 대통령을 환영하는 수많은 인파가 항구에 몰려왔습니다. 붉은 주단을 깔고 군악대의 예포소리와 함께 거대한 환영행사가 이어졌습니다. 그 뒤를 이어서 혼자 힘없이 걸어 나오며 이런 생각을 하였습니다.

'나는 10년 동안 선교지에서 처자식을 잃고 영혼을 살리는 선교사로 일했는데도 마중 나온 사람이 한 사람도 없는데 사냥하러 갔다 온 대통령에게는 저렇게 수많은 환영인파가 나왔군. 나는 무엇인가.' 생각하고 있는데 갑자기 어디선가 한 음성이 들렸습니다.

'사랑하는 종아, 너는 네 고향에 돌아올 때 천군천사를 동원하여 내가 직접 마중 나가리라. 그때 너는 붉은 주단이 아니라 황금보석 길을 걸을 것이며 예포소리가 아니라 천군천사가 나팔 불며 너를 환영하리라, 사랑하는 종아, 끝까지 충성하여라.' 하는 음성이 들렸습니다.

이 음성을 들은 선교사님은 그동안 지은 죄를 회개하고 다시 아프리카로 가서 선교사역을 감당하였습니다.

우리도 이제 보혈기도로 승리할 수 있습니다. 각자에게 맡겨진 사명을 감당할 수 있습니다.

다시 하나님께서는 〈요한계시록 2장 10절〉 말씀을 주십니다.

"너는 장차 받을 고난을 두려워하지 말라 볼지어다 마귀가 장차 너희 가운데에서 몇 사람을 옥에 던져 시험을 받게 하리니 너희가 십 일 동안 환란을 받으리라 네가 죽도록 충성하라 그리하면 내가 생명의 관을 네게 주리라"

위 말씀을 아래에 적고 묵상해 봅시다.

_____

_____

_____

예수님이 피를 흘리신 이유

악한 사탄의 결박을 깨뜨리고 진을 파쇄하는 유일한 방법은 "예수님의 보혈"밖에 없습니다. 보혈 한 방울만 가지고도 얼마든지 사탄의 왕국을 궤멸시키고, 그의 진을 파괴시키며 악령의 사술의 멍에를 꺾기에 충분합니다.

하나님의 아들로 이 땅에 오신 예수님은 우리에게 구속의 은혜를 주시기 위해 피를 흘리셨습니다. 예수님께서 모든 인류의 죄를 대속하려 십자가에 달리시기 전날 밤, 감람산에서 밤이 새도록 기도하셨습니다. 얼마나 힘써 기도를 하셨던지 땀이 변하여 피가 되어 땅에 뚝뚝 떨어질 정도였습니다.

그럼에도 예수님께서 피를 흘리신 것은 우리들의 고집과 교만 그리고 욕심을 꺾기 위함입니다. 뿌리째 뽑기 위해서입니다.

사람들의 옛 사람은 그대로 있고 그 안에 정욕, 음란, 위선이 가득함으로 예수님께서 할 수 없이 인간의 죄를 대속하시기 위해 빌라도의 뜰에 끌려가신 것입니다. 그곳에서 사형선고를 받고 가죽 채찍으로 사형수에게 가하는 39대의 매를 맞았습니다. 가죽 채찍은 채찍의 끝이 일곱 갈래로 나누어져 있고 그 끝에는 쇠붙이로 된 갈고리가 달려 있었습니다.

무쇠 같은 팔뚝을 가진 로마 군이 예수님의 몸에 사정없이 가죽 채찍을 내려치면 채찍이 예수님의 몸을 휘감아 살갗이 터지며 채찍 자국이 그대로 남습니다. 게다가 그 갈고리가 몸에 박혔다가 채찍을 맞으시는 대로 살점이 뚝뚝 떨어져 나가고 골이 파이며 피가 흘러 빌라도의 뜰에는 선지피가 홍건히 고였습니다.

또한 예수님의 목적은 오로지 우리의 나음이었습니다. 예수님께서 빌라도의 뜰에서 맞으신 채찍으로 인하여 우리의 병이 깨끗하게 고침 받게 된 것입니다. 이 사실을 믿고 의지하는 사람에게는 동일한 치유의 역사가 일어납니다. 암에서 놓임을 받고 폐병, 중풍병, 심장병, 당뇨병, 간질병, 신장병, 피부병 등 모든 병이 깨끗하게 낫게 됩니다.

오늘도 예수님이 채찍에 맞음으로 우리의 죄와 병이 깨끗이 되었습니다.

다음은 〈베드로전서 2장 24절〉의 말씀입니다.

"친히 나무에 달려 그 몸으로 우리 죄를 담당하셨으니 이는 우리로 죄에 대하여 죽고 의에 대하여 살게 하심이라 그가 채찍에 맞음으로 너희는 나음을 얻었나니"

예수님께서 뾰족한 가시가 삐죽삐죽 나온 관을 머리에 눌러 씌우자 가시에 찔린 주님의 머리와 얼굴에 피가 줄줄 흘렀습니다.

그렇습니다. 예수님께서 가시관을 쓰신 것은 개인과 인류의 저주를 대속하시기 위함이었습니다. 그러므로 예수님의 가시관을 쓰시고 흘리신 피를 의지하는 사람들은 저주가 물러가고 문제가 해결됩니다. 가난이 청산되고 부요함을 누리게 됩니다. 절망에서 벗어나 새로운 희망을 품게 됩니다.

예수님께서 양손과 양발이 대못으로 박히고 십자가에 높이 달리시니 양손과 양발에서 피가 줄줄 흘러 내렸습니다. 이때에 흘리신 그 피는 우리들의 손으로 지은 모든 죄, 가지 말아야 할 곳에 가서 발로 지은 죄를 깨끗하게 하셨습니다.

결국 예수님께서는 "다 이루었다."라고 하신 후 운명하셨습니다. 운명 후 로마 병정이 창으로 옆구리를 찌르자 피와 물이 나왔습니다.

예수님께서 우리들을 위하여 십자가에 달리셔서 그 몸을 아낌없이 내어주셨습니다. 몸의 피와 물까지 쏟으셨던 것입니다. 그렇게 까지 우리를 위하여 희생 제물로서 우리의 죄와 허물을 해결하고자 하셨습니다.

〈요한복음 19장 30절〉에서도 "다 이루었다"고 하십니다. 구원의 완성을 이룬 안도감 섞인 이 말씀. 예수님의 '다 이루었다'는 말씀은 무엇을 다 이루었다는 말씀이었을까요?

이같이 대제사장 되신 예수님께서 '다 이루었다'하고 돌아가셨기 때문에 우리는 '죄'에서 자유하게 된 것입니다.

또한 예수님께서는 당신의 문제를 '다 이루었다'고 말씀하십니다. 다 이루어주신 것을 아래에 믿음으로 적어봅시다.

_____

_____

_____

보혈로 임하셨던 예수님

　수시로 하나님은 저에게 천사들을 통해 보혈의 능력에 관한 환상을 보여 주셨습니다. 영적인 눈과 귀를 열어 주시어 뚜렷한 형상과 음성을 듣게 하셨습니다. 보혈의 능력이 얼마나 큰지 알게 해 주셨으며, 죄 사함에 능력이 있음을 깨닫게 해주셨습니다. 또한 이에 대하여 알리고 전파해야 하는 사명을 주셨습니다.
　하나님의 계시는 분명했습니다. 예수 그리스도의 보혈은 오늘날에도 여전히 지속되며 믿음의 사람들에게 계속 흐르고 있습니다.

　한 기도 모임에서 있었던 이야기입니다.
　한 형제가 모인 무리들과 함께 기도하다가 갑자기 손을 번쩍 들어 올리면서 "예수님의 보혈"이라고 크게 외쳤습니다. 그런데 그때 모여 있던 사람들 머리 위에 하늘에서 강력한 성령님이 임하셨고 강한 성령님의 역사하심을 체험하게 되었습니다. 그리고는 그곳에 모인 모든 사람들이 다 갑자기 쓰러졌습니다.
　이처럼 예수님의 보혈의 능력은 너무 강력하기 때문에 한 사람에게 임한 성령님의 능력은 모든 사람들에게 흘러 전염되는 힘이 있음을 알 수 있습니다. 그러므로 예수님의 피에는 강력한 능력과 기적이 따릅니다.

　우리 신앙에서 예수님의 피를 제하여 버린다면 기독교는 하나의 종교에 불과한 것입니다.
　악한 사탄을 이기는 능력과 권세, 그 영적 강력한 무기를 오늘 여러분에게 알려 드리고자 합니다.

악한 사탄 마귀는 세상에서 예수님의 피를 가장 싫어할 뿐만 아니라 무서워합니다. 왜냐하면, 예수님의 보혈과 싸워서 이긴 사례가 단 한 번도 없었기 때문입니다. 사탄을 패배케 하는 방법은 "그리스도의 보혈" 이외에는 없습니다. 지금 그 확증을 시인하고 크게 고백하십시오.

"주께서 우리를 그리스도의 보혈로 구속하셨도다!"

다음은 〈사도행전 20장 28절〉의 말씀입니다.

"여러분은 자기를 위하여 또는 온 양 떼를 위하여 삼가라 성령이 그들 가운데 여러분을 감독자로 삼고 하나님이 자기 피로 사신 교회를 보살피게 하셨느니라"

보혈의 가치

히 9:12
염소와 송아지의 피로 하지 아니하고 오직 자기의 피로 영원한 속죄를 이루사 단번에 성소에 들어가셨느니라

세계의 유명하고 중요한 다리들은 한결같이 막대한 건설 비용을 들여서 만들어집니다. 포르투갈 리스본에 있는 살라자르 다리는 7천 5백만 달러가 들었고, 뉴저지 글로스터 시티의 월트 휘트먼 다리는 9천만 달러가 소요되었습니다. 뉴욕 브루클린에 있는 베라자노 내로우즈 다리는 3억 2천 5백만

달러가 소요되었고, 세계에서 가장 값비싼 다리인 일본 시코쿠에 있는 5개의 섬을 잇는 세토 오하시(瀨戶大橋) 다리의 건축 비용은 무려 8억 3천만 달러로 한화로 약 13조원의 비용이 들어갔습니다.

하지만, 이런 값비싼 다리의 건축 비용을 모두 합쳐도 하나님과 우리를 잇는 다리를 짓기 위해 치르신 비용과는 비교할 수 없습니다.

하나님은 우리와 잇는 그 다리를 건설하시기 위해 모든 것을 희생하셨습니다. 하나밖에 없는 자신의 외아들을 내어 주셨습니다. 하나님이 건설하신 다리는 십자가 모양으로 만든 두 개의 나무토막, 그리고 그 위를 칠한 가장 값비싼 재료인 예수 그리스도의 고귀한 보혈로 만들어졌습니다.

그러므로 하나님과 나를 잇는 십자가 보혈의 다리가 가장 비싸고 위대한 다리인 것입니다. 그 다리는 곧장 하늘 보좌 천국으로 가게 해 주십니다.

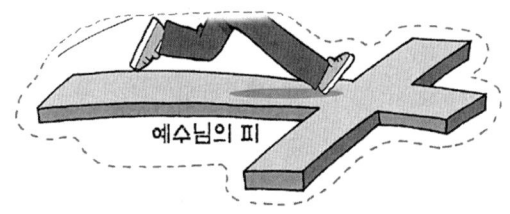

아우구스티누스(Augustinus, A.D 354-430) 주교는 이런 말을 남겼다고 합니다.

"나는 사탄이 내게 오는 것을 환영합니다. 내 믿음을 위해 나는 사탄과의 대결이 필요하기 때문입니다. 일단 사탄이 나를 찾아오면 나는 사탄을 내 마음속에 계시는 예수님께 소개합니다. 그러면 예수님은 사탄에게 말씀하십니다. '사탄아, 아우구스티누스의 마음 문을 두드리는 것은 좋다. 그러나 너와 싸울 상대는 아우구스티누스가 아니라 나 예수다.' 그러시면서 예수님은 십자가에서 못 박혔던 피 묻은 손을 사탄에게 내어 보이십니다. 그럼 사탄은 그 보혈 앞에서 한 길로 왔다가 일곱 길로 도망치게 되는 것입니다."

그렇습니다. 그 어떤 악한 사탄의 유혹과 공격 앞에서도, 우리는 두려워할 필요가 없습니다. 직접 나설 필요는 더 더욱 없습니다. 그저 우리 안에 이미 함께하고 계시며 충만하신 예수님의 보혈을 의지하여 증거 하기만 하면 됩니다. 믿음으로 선포하십시오.

구원은 오직 예수 그리스도의 피 가운데서 보존되어집니다. 믿음과 순종으로 예수님의 피 아래 거하기만 한다면 사탄 마귀는 주님의 핏줄을 꿰뚫을 수 없습니다. 그들이 감히 가까이 접근 할 수 없는 성역은 오직 예수님의 피와 핏줄에 덮힌 곳, 홍건히 적셔진 곳입니다.

보혈의 가치를 정리하고자 합니다.

주님의 십자가에서 흘리신 보혈의 가치는 값으로서는 도저히 측량할 수 없습니다. 〈로마서 8장 32절〉 말씀을 읽어봅시다. "자기 아들을 아끼지 아니하시고 우리 모든 사람을 위하여 내주신 이가 어찌 그 아들과 함께 모든 것을 우리에게 주시지 아니하겠느냐."

이 말씀은 이 세상을 다 준다 해도 보혈과는 비교할 수 없다는 말씀입니다. 다시 말해 아들을 아낌없이 주셨다는 말은 예수님께서 십자가에서 피 흘려주심을 의미합니다. 즉 보혈의 가치의 고귀성을 내포하고 있는 것입니다.

세상에 오신 예수 그리스도

요 1:14
말씀이 육신이 되어 우리 가운데 거하시매..

인류 역사상 가장 위대한 기적은 창조주 하나님께서 가장 죄 많고 하찮은 인간의 모습으로 오신 사건입니다. 이보다 더 놀랍고 위대한 일이 있을 수 있을까요?

전지전능(全知全能)하신 하나님(모든 것을 아시고 모든 것을 할 수 있는 분), 무소부재(無所不在)하신 하나님(어디든지 계시는 분)께서 우리와 같은 인간으로 함께 계셨다는 것입니다.

그런데 어떻게 성육신(Incarnation) 하셨을까요?

하나님이 독생자이신 예수 그리스도를 이 세상에 보내주셨고 십자가의 희생을 통해 대속(代贖)의 은혜를 베풀어 주셨습니다.

아래의 〈빌립보서 2장 5-8절〉 말씀을 읽어봅시다.

"너희 안에 이 마음을 품으라 곧 그리스도 예수의 마음이니 그는 근본 하나님의 본체시나 하나님과 동등됨을 취할 것으로 여기지 아니하시고 오히려 자기를 비워 종의 형체를 가지사 사람들과 같이 되셨고 사람의 모양으로 나타나사 자기를 낮추시고 죽기까지 복종하셨으니 곧 십자가에 죽으심이라"

이런 이야기가 있습니다.

어떤 술주정뱅이가 술에 취해 기차 레일을 베개 삼아 잠을 자고 있었습니다. 저 멀리서 기차가 들어오고 있었지만 그 술주정뱅이는 정신없이 잠만 잤습니다. 그때에 한 자비로운 사람이 그것을 보고 술주정뱅이에게 고함을 치며 깨웠지만 그 사람은 술에 취해 그곳을 자신의 집인 것 마냥 누워 잤습니다.

그 자비로운 사람은 달려 들어가 술주정뱅이의 다리를 끌어 철둑 아래로 내동댕이쳤습니다. 그리고 술주정뱅이는 기차를 피했으나 그 자비로운 사람은 미처 기차를 피하지 못했습니다.

그 자리에서 찢겨 죽게 되었습니다. 기차는 지나갔고, 사람들이 몰려와 그를 보며 안타까워하고 있었습니다. 술주정뱅이는 이제야 정신이 돌아왔는지 사람들이 모여 있는 곳으로 갔습니다.

"누가 또 기차에 치인 것이로구먼. 아이구, 조심을 하지. 어떻게 하노... 저 사람은 왜 저렇게 되었소?"하고 물었습니다. 그 때 옆에 있던 사람이 술주정뱅이의 뺨을 치며 말했습니다.

"이 사람아! 당신을 살리기 위해 대신 저 사람이 죽은 거란 말이오. 당신을 살리려 했다가 죽었소!"

술주정뱅이는 그제서야 죽은 사람이 자신을 살리기 위해 대신 죽었다는 사실을 알게 되었습니다.

이 이야기에서 술주정뱅이는 바로 우리들입니다. 그리고 여기서 술주정뱅이를 구해준 자비로운 사람은 바로 예수 그리스도를 의미하는 것입니다. 따라서 오늘 우리가 자유함과 생명을 누리는 것은 2천년 전 십자가 위에서 우리의 죄를 위해 대신 죽으신 예수 그리스도의 은혜 때문입니다.

다음은 〈히브리서 9장 22절〉의 말씀입니다.

"율법을 따라 거의 모든 물건이 피로써 정결하게 되나니 피흘림이 없은즉 사함이 없느니라"

다음의 〈히브리서 9장 12절, 28절〉 말씀을 찾아서 아래에 적어보십시오. 예수님께서 개인과 인류의 죄를 멸하시고 구원을 위해 십자가에 달려 피를 흘리셨음을 확인할 수 있습니다.

히브리서 9:12
....
....

히브리서 9:28
....
....

예수 그리스도의 수난

예수 그리스도의 십자가의 죽음을 알기 위해서는 당시 로마법에 나오는 처형에 대하여 아는 것이 중요합니다. 로마법에 의하면 십자가 처형은 가장 악덕한 법으로 그 순서는 이러합니다. 우선 처형 전에 태형, 즉 채찍으로 때립니다. 그리고 70kg의 십자가를 지고 그것을 사형장으로 끌고 가야 합니다. 처형장에서 12-19cm의 긴 못으로 십자가 형틀과 손목과 발들을 겹쳐서 각각 하나의 못으로 박습니다.

예수님은 그 모든 과정에서 어마어마한 고통을 당하고 느끼면서 십자가에 매달려 돌아가셨습니다. 아침 9시에 매달려서 오후 3시까지 십자가 위에서 장장 6시간 동안 고통을 당하셨습니다. 그런데 예수님께서 더 힘든 고통은 육체적인 고통이 아니었습니다. 정신적인 고통이 더 힘들었습니다. 이유는 자신을 메시야로 보지 못하는 백성들과 로마 병사들, 그리고 제자들의 배신이 있었기 때문입니다. 그러나 예수님께서는 이 모든 것을 참으셨습니다. 이는 그 고통 너머의 기쁨, 우리가 죄에서 구원받고 하나님의 자녀로 살아가는 모습을 바라보았기 때문입니다.

우리에게 십자가의 가치를 가슴에 품으며 살게 하심을 감사드립시다. 십자가를 품으므로 위대한 심장을 갖게 해 주심에 행복합니다.

〈베드로전서 2장 24절〉의 말씀을 믿음의 눈으로 바라보고 묵상해 봅시다. 그리고 그 은혜의 말씀을 성경에서 찾아 아래에 적어봅시다.

5장
피 뿌림의 능력

5장 피 뿌림의 능력

벧전 2:9
그러나 너희는 택하신 족속이요 왕 같은 제사장들이요 거룩한 나라
요 그의 소유가 된 백성이니 이는 너희를 어두운 데서 불러 내어 그
의 기이한 빛에 들어가게 하신 이의 아름다운 덕을 선포하게 하려
하심이라

작은 순교의 능력

우리는 모두 왕 같은 제사장들입니다. 왕 중에 왕이신 예수님의 자녀들입니다. 예수님의 십자가의 보혈로 말미암아 우리는 제사장이 된 것입니다. 그러므로 보좌 앞으로, 지성소로 담대히 들어갈 수 있는 것입니다. 피의 권세를 지닌 자들이기 때문입니다.

이것이 예수님의 피 값으로 주어진 은혜입니다.

부분적인 순종이나 인간의 노력을 통한 예배, 의심으로 드려지는 재물은 하나님이 기뻐 받지 아니합니다. 내 방식이나, 노력으로 드려진 것은 하나님의 뜻에 벗어난 헛수고입니다. 하나님 뜻에 거한 온전한 순종을 할 때 우리의 모든 예배와 드려지는 예물이 하나님께 상달되어 집니다.

다음은 〈레위기 10장 1-2절〉의 말씀을 보겠습니다.

"아론의 아들 나답과 아비후가 각기 향로를 가져다가 여호와께서 명령하시지 아니하신 다른 불을 담아 여호와 앞에 분향하였더니, 불이 여호와 앞에서 나와 그들을 삼키매 그들이 여호와 앞에서 죽

은지라"

아론의 아들 나답과 아비후는 제사장이었습니다. 성소의 분향단에 불을 피울 때는 반드시 번제단의 불을 가지고 이어서 피어야 합니다. 그런데 이들은 하나님께서 명하신 불이 아닌 다른 불을 가져다가 분향단의 불을 피웠던 것입니다. 그 결과 그들은 하나님 앞에서 즉시 죽게 되었습니다. 하나님은 하나님이 말씀하신 대로 예배하시기를 원하십니다. 다른 불로는 어떤 영광일지라도 받지 않겠다는 의미입니다.

우리나라보다 앞서 먼저 복음이 들어간 중국의 1900년 초 북청사변 때의 일입니다. 그 당시에 많은 그리스도인들이 순교를 당하였습니다. 예수님을 믿는다는 단 하나의 이유 때문이었습니다.

한번은 당국자들이 교회로 쳐들어와서 십자가를 땅바닥에 놓고 모든 교인들에게 말했습니다.

"누구든지 이 십자가를 밟고 지나가는 사람은 살려 주겠다."

교인들은 죽음의 두려움 앞에 하나둘씩 십자가를 밟고 지나갔습니다. 그런데 어린 한 소녀가 큰 소리로 기도했습니다. "하나님, 저에게 십자가를 밟지 않고 갈 수 있는 담대한 믿음의 용기를 주옵소서." 그리고 소녀는 일어서서 담대하게 십자가를 비켜서 걸어갔습니다. 그러자 당국자들은 소녀를 그 자리에서 죽였습니다. 그것을 본 나머지 성도들은 소녀의 담대한 태도를 보고 힘을 얻었습니다. 그리고는 한 사람 한 사람씩 십자가를 비켜 지나감으로 모두 죽임을 당했습니다.

우리는 여기서 한 사람의 작은 순교가 얼마나 많은 사람들에게 용기를 주는지를 알 수 있습니다. 우리들의 작은 행동이지만 담대하고도 믿음 있는 태도가 생명을 구하는 것입니다. 그 작은 태도가 전도이며 복음입니다.

다음의 〈사도행전 21장 13절〉의 말씀은 바울이 체포당할 것을 예언 받은 신실한 형제들의 말림을 뿌리치고 예루살렘을 향해 올라가는 사도 바울의 장엄한 모습을 볼 수 있습니다.
"바울이 대답하되 여러분이 어찌하여 울어 내 마음을 상하게 하느냐 나는 주 예수의 이름을 위하여 결박당할 뿐 아니라 예루살렘에서 죽을 것도 각오하였노라 하니"
오늘 저자인 나는 온전한 순종의 삶, 작은 순교적 태도를 드러내며 살고 있는가 점검해 봅니다. 부끄럽고 무거운 심정입니다. 믿음 있는 태도를 드러내지 못하였기 때문입니다. 보혈을 의지하며 나부터 작은 것일지라도 용기 있는, 믿음 있는 태도를 실천하려고 합니다.

뿌려진 보혈의 능력

"나는 하나님께 예수님의 피로 나를 덮어달라고 기도하기 시작한 후부터 한 번도 사탄의 억늘림 따위를 경험하지 못했다"
― Benny Hin

다음은 베니 힌 목사가 보혈을 적용한 사례입니다.
"십대의 소녀를 위해 기도하던 중 '그녀가 손가락에 끼고 있는 반지를 빼라.'는 성령의 음성을 들었고 그것을 제거하려고 하자, "이 여자를 놔라. 이 여자는 내 것이야!"라는 소름끼치는 소리가 그 소녀의 목에서 흘러나왔습니다. 약 15-20분가량 싸웠으나 반지가 안 빠지고 온 몸의 근육이 경련을 일으키고... 마침내 나는 "예수님의 보혈을 적용하노라."고 외쳤습니다. 그러자 순간 반지가 손가락에서 빠져나왔고 그녀의 굳었던 몸이 풀리기 시작하였고 날카로운 비명소리도 그쳤습니다. 그 소녀는 완전히 자유함을 얻었고 예수 그리스도를 영접하였습니다."

우리는 예수님의 보혈을 수시로 뿌려야 합니다. 주님의 보호를 받기 원하는 곳에 뿌려야 합니다. 그 때 사탄의 세력은 무력화되고 우리를 공격할 수 없게 되는 것입니다.

또한 예수님의 보혈은 현재에도 우리의 죄를 정결하게 해주는 능력을 갖고 있습니다. 예수님의 보혈은 현재에도 우리에게 가장 필요한 은혜입니다. 믿음으로 예수님의 보혈을 머리부터 발끝까지 뿌리고 정결함을 입는 은혜를 누려야 합니다.

어린 양의 거룩한 피가 뿌려지는 바로 그곳에 하나님이 거하시고, 사탄이 피하여 도망치는 것입니다. 다음의 말씀이 선포되는 그대로 적용되는 것입니다. "어린 양의 피로 말미암아 그를 이겼으니."

그 피로 말미암아 사탄이 정복되었고, 하늘에서 내쫓김을 당했습니다. 그러므로 그 피가 이 땅에서도 그를 정복하고 그에게 사로잡힌 자들을 그의 손에서 구원해 낼 능력이 있습니다.

"예수의 피"라는 단어는 예수의 피를 의뢰하여 믿음으로 소리를 내어 기도하면 큰 가치가 있음을 알게 될 것입니다. 그저 "예수의 피"라는 단어만 거듭 소리 내어 간구해도 충분한 효력이 있다는 것을 발견하게 될 것입니다.

하나님께서는 예수의 피가 부르짖는 소리를 들으시며 그 피가 우리를 위해 희생하고 얻은 것을 존중하실 것입니다. 그러므로 어떤 환경이나 조건에 구애 없이 큰 소리로 예수의 피를 간구해야 합니다. 이는 마치 아이가 시장에서 "엄마"하고 부르면 어머니들이 소리 나는 곳으로 쳐다보는 것과 같습니다.

몸이 아프거나 사고현장에서, 악몽에서, 예기치 않은 그 어떤 상황에서도 예수의 피를 간구해야 합니다. 그러면 사탄의 노력은 붕괴되고, 전략은 허물어지며 성도는 완전히 나음을 받게 될 것입니다.

지금 아픈 곳에 손을 놓고 10분 동안 예수의 피를 간구해 보십시오.

지금 즉시 보혈의 능력으로 사역해 보십시오.

"나는 예수의 피를 간구 합니다.", "내가 예수의 피를 뿌리노라"라고 되풀이 하십시오. 이에 놀라운 효력이 일어날 것입니다.

한 집사님이 펄펄 끓는 물에 팔을 데었습니다. 펄펄 끓는 물이었기에 심한 화상을 입어 피부가 벗겨졌습니다. 그래서 그는 예수의 피가 자기의 다친 팔에 발라진다고 믿고 큰 소리로 여러 번 예수의 피를 간청하기 시작했습니다. 몇 분이 지나니 고통이 사라졌으며 그녀의 팔은 화상을 입었던 곳에 동전 크기만 한 빨간 흔적만 남아 있었습니다.

우리의 상처에 믿음으로 예수의 피를 바르면, 치료의 과정이 가장 빠릅니다. 예수의 피는 세상에서 가장 훌륭한 덮개이며 살균제입니다. 그것은 완전한 것입니다.

〈히브리서 12장 24절〉의 말씀을 보면, "너희가 이른 곳은 뿌린 피니라"라고 기록되어 있습니다. 이것은 과거에 대한 언급이 아니라 현재의 경험을 의미하는 것입니다. 즉, 예수께서 과거에 우리를 위하여 피를 뿌렸다고 믿는 것에 그치지 않고 지금 그 일을 행하는 것입니다.

우리가 예수님께서 우리를 위해 흘리신 보배로운 피를 뿌릴 때, 정결케 되며 상황과 병에서 구원을 받습니다. 또한 사탄과 악한 세력들은 물러갑니다. 예수의 피를 뿌리는 것은 오늘날 그리스도인의 당연한 특권이며 능력입니다.

정결케 하는 보혈의 능력

히 13:12
그러므로 예수도 자기 피로써 백성을 거룩하게 하려고 성문 밖에서 고난을 받으셨느니라

우리는 예수님께서 우리를 대신해서 죽고 장사되신 바 되어 사흘 만에 죽음과 무덤을 격파하고 일어나셨다는 부활의 소리가 들려야 합니다.

그러나 아직도 십자가에서 흘리신 예수 그리스도의 보혈을 경험하지 못하였다면, 하나님의 독생자이신 예수 그리스도가 십자가에 못 박히고 피 흘려 죽으심으로 퍼졌던 예수님의 그 사랑의 소리를 다시 들어야 합니다.

그래서 우리의 신앙이 다시 회복되어야 합니다.

사도 바울은 〈고린도전서 1장 22-24절〉 말씀에, "유대인은 표적을 구하고, 헬라인은 지혜를 찾으나, 그리스도인은 십자가에 못 박히신 보배로운 피를 의지한다."고 했습니다. 예수님의 그 보배로운 보혈의 피는 위대한 구원의 능력을 갖고 있습니다.

구약시대 이스라엘 백성들은 유월절에 자기의 집 문설주와 인방에 어린 양의 피를 발랐습니다. 그러나 신약시대 이후에는 예수의 피를 간구할 때마다 그와 동일한 열매를 맺을 수 있는 것입니다.
"예수의 피"라는 단어를 되풀이하여 말함으로써 사탄의 사역을 제어할 수 있는 것입니다. 부지런히 "예수의 피"를 바르십시오.
예수의 피로 중보기도 하십시오. 예수의 피를 간구하십시오. "예수의 피"라는 말을 거듭 되풀이 하십시오. 그럴 때 좌절감, 죄책감, 열등의식, 문제, 질병, 우울감, 무능력 등을 다 녹여 없애 주실 것입니다.
보혈의 능력으로 사탄에게 묶인 모든 자들의 쇠사슬이 끊어지게 됩니다. 능력과 성령과 생명을 지니게 됩니다. 또한 사탄의 세력을 억압할 수 있습니다. 그리고 예수의 보호를 받게 되는 것입니다.

다음은 〈요한일서 1장 9절〉 말씀입니다.
"만일 우리가 우리 죄를 자백하면 그는 미쁘시고 의로우사 우리 죄를 사하시며 우리를 모든 불의에서 깨끗하게 하실 것이요."
여기서 '깨끗하게 한다'는 단어를 헬라어 원어로 보면 현재 진행형으로 되어 있습니다. 따라서 예수님의 보혈은 현재도 계속해서 우리를 정결하게 해주고 있습니다. 지금도 당신의 죄를 순간순간 정결하게 해주고 있습니다.

〈히브리서 13장 12절〉의 말씀을 찾아서 아래에 적어보십시오. 그리고 깊게 묵상하시기 바랍니다.

_____

_____

_____

예수님의 보혈이 정결하게 하는 능력이 있다는 것은 우리의 마음과 성품이 거룩하게 된다는 것입니다. 우리 안에 있는 시기, 질투, 미움, 탐욕, 음란 등 더러운 것이 씻어지면서 예수님의 성품을 닮아가는 것입니다. 그런데 예수님의 보혈이 우리를 정결하게 하기 위해서는 먼저 우리의 죄를 자백하고 회개해야 합니다.

지금 당신은 예수님의 보혈을 통해 자신을 정결하고 거룩하게 지키고 있는지 묵상해 봅시다.

_____

_____

_____

지금 예수님의 보혈로 덮어 달라고 기도하십시오.

여러분의 가족을 예수님의 보혈로 덮어 달라고 하나님께 강력하게 기도하십시오. 하나님께서는 여러분 가정 둘레에 완전한 보호막을 쳐주신다고 믿으십시오.

여러분이 기도함으로 예수님의 보혈이 여러분의 가족에게 적용될 수 있음을 강력하게 믿으십시오. 하나님께서는 여러분의 믿음을 소중히 여기십니다.

무엇보다 예수님께서 이미 우리를 위해 피를 흘리셨음을 믿으시고 다음 아래에 보혈로 덮어 달라고 기도 내용을 적어보십시오.

6장

피와 외침의 능력

6장 피와 외침의 능력

마 26:28
이것은 죄 사함을 얻게 하려고 많은 사람을 위하여 흘리는 바 나의 피 곧 언약의 피니라

피의 언약

　원시시대의 부족들 사이에서 피의 언약은 널리 행해졌던 의식입니다. 요즘도 티벳과 같은 고산지역에서 살아가는 사람들의 삶을 보면, 제사를 드릴 때나 신에게 의지할 때 짐승의 피를 사용합니다. 먼저 높은 절벽에 오르기에 앞서, 집에서 가져온 닭이나 짐승의 피를 받아 뿌립니다. 왜냐하면 안전과 평안을 신께서 지켜 주신다는 것을 믿기 때문입니다. 자신에게 있을 사고나 위험을 대신 죽은 짐승의 희생으로 막아달라는 의미로 행해지는 것입니다.
　또한 두 부족이 피의 언약을 맺으면 완전한 형제국이 됩니다.
　두 부족의 족장들이 부족원들이 보는 앞에서 각자 자신의 팔목을 베어 피를 잔에 섞어 그것을 나누어 마시고, 상처 난 팔을 함께 문지르므로 언약을 맺는 것입니다. 피의 언약만은 절대로 깨어지지 않으며, 물릴 수도 없습니다. 만약 그것을 어기면 무서운 신의 징계가 임한다고 믿었기 때문입니다.
　그리고 종종 영화나 깡패 조직에서도 의리로 약속을 지킬 것을 맹세할 때, 자신의 피를 내어 서로 맹세 하는 것을 볼 수 있습니다.

　그렇습니다. 당신이 하나님과 맺은 언약은 예수님과 맺은 피의 언약입니

다. 이미 하늘 생명책에 기록되어 지울 수도, 계약을 파기할 수도 없습니다.

 바로 우리가 예수님과 피의 언약을 맺었다는 것입니다. 주님께서 최후의 만찬 때, 떡을 떼어주시며 제자들에게 이렇게 말씀하셨습니다(눅 22:19-20).

 "또 떡을 가져 감사 기도 하시고 떼어 그들에게 주시며 이르시되 이것은 너희를 위하여 주는 내 몸이라 너희가 이를 행하여 나를 기념하라 하시고"(개역개정)

 "음식을 나눈 뒤에 또 그와 같이 잔을 들어 "이것은 내 피로 맺는 새로운 계약의 잔이다. 나는 너희를 위하여 이 피를 흘리는 것이다." 하셨다."(공동새번역)

 예수님께서는 피로 맺은 새로운 언약이라고 하셨습니다.
 이 피의 언약을 통해 우리는 하나님과 절대로 깨어질 수 없는 사랑의 언약을 맺은 사람이 되는 것입니다. 이 언약을 통해 하나님이 우리의 영적 아버지가 되신 것입니다. 절대로 우리를 떠나지 않고, 버리지 않으십니다.
 그러므로 우리는 이제 어떠한 일이 있어도, 이제는 피의 언약을 맺은 백성으로서 하나님 앞에 담대히 나갈 수 있는 자녀의 특권을 갖게 되었습니다. 이제 그 어떤 악한 세력도 우리를 넘어뜨릴 수 없습니다.
 예수의 피로 맺은 특권을 주장하십시오.

최초의 옷

창 3:21
여호와 하나님이 아담과 그의 아내를 위하여 가죽옷을 지어 입히시니라

인간 최초의 옷은 무엇이었을까요?
첫 번째 피의 언약은 에덴동산에서 이루어졌습니다(창 3:21). 에덴동산에서 하나님과 교통하며 죄 없이 살던 어느 날, 사탄으로 인하여 아담과 하와가 죄를 짓고, 하나님과의 관계가 끊어지게 됩니다. 죄를 짓고 벌거벗은 수치로 절망하고 있을 때, 하나님께서는 한 짐승을 잡아 피를 흘리고 가죽을 벗겨서 아담과 하와의 수치를 가려주셨습니다.
누가, 무엇으로, 누구에게 옷을 입혀 주었습니까?
'누가'는 하나님이시며, '무엇으로'는 짐승의 가죽입니다. 그리고 '누구에게'는 벌거벗은 아담과 하와입니다.
여기서 가죽 옷은 희생을 의미합니다. 장차 피 흘려 죽으실 예수 그리스도를 예표하는 것입니다. 그리고 벌거벗은 아담과 하와에게 옷을 입혀주셨다는 것은, 용서와 의의 옷을 입혀주셨다는 의미입니다.
이것이 하나님과 인간이 맺은 최초의 피 언약입니다.

두 번째 피 언약은 없는 걸일까요?
이 피의 언약으로 말미암아 우리의 어떤 죄라도 다 용서해 주시고 덮어 주십니다. 우리의 과거와 현재, 그리고 미래의 죄까지도 모두 묻지 아니하시고 전부 청산해 주십니다.

그렇습니다. 보혈의 옷을 입음으로 악한 사탄 마귀가 하나님과 우리 사이에 막아놓은 담을 허물고 부서버릴 수 있습니다. 온전히 보호 받으며 죄를 덮어주시어 능력의 삶을 살게 해주셨습니다.

아벨의 피 외침

히 11:4
믿음으로 아벨은 가인보다 나은 제사를 하나님께 드렸다.

아벨의 피 소리는 지금도 울리고 있습니다.
하나님의 첫 번째 자녀인 아담과 하와가 동침하여 낳은 두 아들은 가인과 아벨입니다(창 4:1-4). 그런데 이 둘은 각각 다른 직업을 선택했습니다. 아벨은 양치는 자이었고, 가인은 농사하는 자였습니다. 여호와께서 가인의 제물은 거절하시고, 아벨의 제물만은 받으셨습니다.

과연 무엇이 문제였기에 여호와께서 아벨의 제물은 받으시고 가인의 제물은 거절했을까요? 바울은 〈히브리서 11장 4절〉에 그 답을 주고 있습니다.

"믿음으로 아벨은 가인보다 나은 제사를 하나님께 드렸다...."

아벨은 오직 믿음으로 피 흘림의 제사를 여호와께 드렸던 것입니다.
우리가 알다시피 믿음은 들음에서 나기 때문에 가인과 아벨은 부모님들의 에덴동산에서 일어났던 사건, 죄를 범했을 때 잡은 짐승의 가죽으로 옷을 지어 죄를 사해준 사건 등 피 흘림의 효력을 들어 알고 있었을 것입니다.

아담과 하와는 두 아들에게 하나님이 원하시며 기뻐하시는 제사가 무엇인지 분명히 가르쳐주었습니다. 그런데 가인은 무엇이 옳은지 알고 있었음에도 불구하고 도리어 땅의 소산인 식물을 하나님께 드렸고 하나님께서는 이를 거절하셨습니다. 하지만 아벨은 여호와께 순종하여 믿음으로 자기 양 무리의 첫 새끼를 하나님 앞에 제물로 드렸고, 그 때 하나님이 그 제사를 받으셨습니다.

아벨은 죄를 속하는 피의 제사를 하나님께 드린 것입니다. 이것이 믿음의 제사입니다.

가인과 아벨의 제단이 다른 점은 무엇입니까?

가인은 자기가 농사지은 농산물로 제물을 삼아 제단에 드렸습니다. 농사로 지은 농산물은 하나님의 피 언약을 의지하지 않고, 오로지 자기의 수단과 방법을 의지해서 하나님께 드렸다는 것입니다.

그러나 아벨의 제단은 분명하게 달랐습니다. 제단을 쌓고 어린 양을 잡아서 피를 흘리고 제물을 제단에 얹어 향기로운 제사를 드렸습니다.

하나님께서는 아벨의 제사를 더욱 기쁘게 받아주셨습니다.

사도 바울은 〈히브리서 12장 24절〉에 "새 언약의 중보자이신 예수와 및 아벨의 피보다 더 나은 것을 말하는 뿌린 피니라"는 말씀을 통해 그 양의 흘린 피가 예수님을 상징적으로 말하고 있음을 알 수 있습니다.

하나님께서는 가인에게 "가인아, 가인아 너의 동생 아벨은 어디에 있느냐?"고 물었습니다.

가인은 이에 "내가 동생을 지키는 자입니까?"라고 대답했습니다.

다시 하나님께서는 "그럼 어째서 땅에서 아벨의 피 소리가 들리느냐?"고

물어보셨습니다.

의인 아벨의 피는 지금도 외쳐지고 있습니다.

또한 오늘날 어린 양 예수 그리스도의 피도 생생하게 말하고 있습니다.

십자가에 귀를 대고 들으면 이런 소리가 들립니다.

"너는 죄에서 해방되었다. 이제는 죄인이 아니라 의인이 되었다.

죄의 나라에서 하나님의 나라로 옮겨졌다. 그러므로 담대하게 나아가라, 어깨를 펴고, 고개를 들고 당당하게 살라!"

"내가 너를 돕기 위해서 너의 곁에 항상 와 있다. 성령을 보내 주었다."

"너의 질병을 고쳐 주었다. 너의 문제를 다 해결해 주었다. 너의 경제 문제를 다 준비해 두었다."

죄를 덮는 보혈 덮개

벧전 1:18-19
너희가 알거니와 너희 조상의 유전한 망령된 행실에서 구속된 것은 은이나 금같이 없어질 것으로 한 것이 아니요, 오직 흠없고 점 없는 어린양 같은 그리스도의 보배로운 피로 한 것이니라

지금으로부터 300년 전, 사납게 퍼져 나가던 흑사병은 영국의 아이엄(Eyam)이라는 오래된 마을까지 손을 뻗쳤습니다. 그 마을에 조지 비커스라는

양복쟁이가 런던에서 온 소포를 뜯은 게 발단이 되었습니다. 내용물이라고는 일전에 주문한 옷 한 벌이 전부였습니다. 하지만 그걸 꺼내서 두어 번 터는 순간, 병에 감염된 벼룩들이 집 안 곳곳으로 튀어나갔습니다. 그리고 채 나흘을 넘기지 못하고 비커스는 목숨을 잃었습니다. 곧이어 마을 전체가 역병에 휩싸였습니다.

정부는 역병이 다른 곳으로 번지는 걸 막아야 했기에 마을로 통하는 모든 길을 차단했습니다. 이웃 마을 사람들은 허허벌판에다 식량을 던져 놓고는 황망히 사라져 갔습니다. 아이엄 마을 주민들은 세상으로부터 버림받은 채 외롭게 죽어 갔습니다. 그런데 일 년여 뒤, 아이엄을 찾은 이웃 마을 사람들은 깜짝 놀랐습니다. 절반이 넘는 주민들이 흑사병을 이겨내고 살아 있었던 것입니다. 어떻게 된 일일까요?

병균에 무방비로 노출되었고, 시체를 만지고, 오염된 공기를 마시었는데, 도대체 어떻게 된 걸까요? 생존자들은 어떻게 목숨을 부지할 수 있었을까요?

<u>그 이유는 주민들은 질병을 막아주는 유전자, 즉 강한 항체를 가지고 있었기 때문입니다. 좋은 혈통을 타고난 까닭에 흑사병과 싸워 살아남았던 것입니다.</u>

그렇습니다. 우리들도 하나님의 혈통인 예수 그리스도의 보배로운 피를 지니고 있다면, 내 안에 어떤 죄라도 그 죄가 자리잡을 여지가 없다는 것입니다. 예수 그리스도의 피는 죄를 멸하는 능력을 갖고 있습니다.

다음은 〈요한일서 1장 7절〉 말씀입니다.

"예수의 피가 우리를 모든 죄에서 깨끗하게 하실 것이요"

예수 그리스도의 피 흘림과 부활은 인류 전체 역사에 큰 영향을 주었으며 오늘날 우리에게도 동일하게 적용되고 있습니다. 우리가 상상할 수 있는 것보다 더 큰 자유와 능력, 구원을 주십니다.

예수 그리스도의 보배로운 피는 모든 인류의 죄악을 청산하는 위대한 능력을 가지고 있습니다.

예수님의 보혈은 '구속(to cover:덮다, 감추다)'이라는 '덮개'를 의미합니다(벧전 1:18-19). 보혈이 덮개로써 우리의 모든 죄를 덮어 주셨기 때문에 우리는 튼튼한 예수님의 보혈은 대피소에서 안전하게 잠을 자고 쉬며 생명을 보존 받을 수 있습니다. 세상에서 가장 안전한 방공호(적의 공격을 피하기 위해 땅 속에 파놓은 굴이나 구덩이)가 되어 주십니다.

악한 사탄 마귀도 하나님의 자녀들만이 가지고 있는 피를 보면 공격 대상에서 제외된다는 것을 잘 알고 있습니다. 또한 사탄 마귀는 예수 그리스도의 보혈을 가장 두려워해서 보는 즉시, 피를 발견하는 즉시 재빨리 도망을 갑니다. 이것이 보혈의 능력인 것입니다.

피의 기능

"God bless you!" 이 문장은 '하나님께서 당신을 축복하신다'는 의미로 영어권에서 축복의 인사로 많이 사용합니다. 그런데 영어로 "blessed"라는 말은 피(blood)에서 나왔습니다. 즉 피가 건강해야 복이 된다는 것입니다.

사람도 피가 모여 생명이 잉태되기 때문에, 옛날엔 할머니들은 아기가 태어나면 '핏덩이가 태어났다'고 표현하기도 했습니다. 그러므로 피는 생명

그 자체입니다.

　우리 몸의 뼈는 지지와 보호, 지렛대 작용, 혈액세포를 형성하는 기능이 있습니다. 그 중 중요한 기능이 피를 만드는 것입니다.

　체중의 7퍼센트를 차지하는 피는 몸 전체를 자유롭게 흐르면서 산소와 영양분을 조직에 전달하는 기능을 합니다. 그러므로 각 조직은 피로 말미암아 호흡하게 되고 영양분을 얻게 됩니다. 또한 피는 조직으로부터 생긴 노폐물을 배설기관으로 내보내는 역할도 합니다. 그밖에 우리 몸이 항상 섭씨 36.5도의 체온을 유지하도록 하기도 하며, 염증이 생기지 않도록 방어하는 역할을 합니다. 이처럼 피의 역할은 중요합니다.

　그러나 현대 의학이 고도로 발전되었다 하더라도 우리는 아직도 피의 생리학적 작용에 대해서는 완전하게 이해하지 못하고 있으며, 피의 기능을 완전하게 밝혀내지 못하고 있습니다.

　그렇지만 분명한 사실은 피가 없으면 생명이 끝난다는 것입니다.

　피로 말미암아 예수 그리스도는 지성소에 들어가셨고 천국보좌에 앉아 계십니다. 그 값진 보혈의 뿌림을 받은 사람들을 모두 다 생명 안으로 인도해 주십니다. 분명히 예수님의 피는 완전한 구원의 확실한 보증수표입니다. 하나님의 심판대 앞에 섰을 때 예수님의 피가 우리의 죄를 다 덮어주십니다.

　"주여, 나를 위해 보혈을 흘리신 예수 그리스도를 믿습니다."

죄 사함의 능력

히 9:22
율법을 따라 거의 모든 물건이 피로써 정결하게 되나니 피흘림이 없은즉 사함이 없느니라

악한 사탄이 우리를 공격할 수 있는 근거는 내가 아직도 죄를 눈처럼 희게 씻지 않았기 때문입니다. 죄는 우리의 영혼에 영향을 미칩니다. 그러므로 우리에게 달라붙은 더러운 죄는 예수 그리스도의 피로 씻겨 져야만 합니다. 사탄이 가져다 주는 죄는 얼마든지 예수 그리스도 피로 청결하게 할 수 있습니다.

예수님의 보혈의 능력을 믿는다면, 죄 사함을 받은 사람입니다.

'죄 사함'이란 주님과 우리 사이에 아무런 걸림도, 불편함도, 그리고 장애물 없이 주님이 내 안에 거해 주시는 은혜입니다. 즉, 주님과의 관계에 있어 장애가 되는 모든 것을 제거해 줍니다. 죄를 가지고는 절대로 주님 앞에 나설 수 없습니다.

이제 우리의 죄가 예수의 피로 씻어집니다. 예수님의 보혈로 죄 사함을 받게 되었습니다.

염색하려는 옷을 물감을 담은 액체 속에 푹 담그어 흠뻑 적셔야 하는 것과 마찬가지로 예수 그리스도의 피 안에서 계속 목욕하며 자신을 깨끗케 하는 영혼이 되시기를 바랍니다.

우리는 예수님의 피 흘리심으로 인하여 하나님과 화목하게 되었으며 영

원한 생명을 은혜로 받게 됩니다. 예수님의 피는 우리의 죄를 멸하고, 하늘 문을 여는 능력을 가지고 있을 뿐만 아니라 구원을 완성시키는 충분한 능력을 지녔습니다.

우리는 예수 그리스도의 보혈로 새롭게 창조된 피조물입니다(고후 5:17).

영원한 속죄

**갈 3:13
그리스도께서 우리를 위하여 저주를 받은바 되사 율법의 저주에서 우리를 속량하셨으니 기록된바 나무에 달린 자마다 저주 아래에 있는 자라 하였음이라**

천국에 가면 거기에는 두 가지가 없다고 합니다.
하나는 시계가 없고, 다음엔 달력이 없다고 합니다. 그곳은 하나님과 함께 영원 속에 있기 때문입니다. 우리를 대속하신 일은 예수님이 하셨고, 예수님의 속량으로 인해 우리가 지불해야 할 죄 값(죽음)은 없어졌습니다. 영원한 속죄를 이루신 것입니다.

성경에서 "영원"이라는 단어에는 두 가지의 뜻이 있습니다.
하나는 단순히 긴 시간이나 역사로 표현하고 있고, 또 하나는 시작도 끝도 없이 계속적으로 진행되는 무한대의 개념입니다.

하나님이 독생자 예수 그리스도를 이 땅에 인간으로 보내주신 이유는 우리의 죄를 속량하는 희생 제물로 삼으셨기 때문입니다. 예수님은 친히 희생 제물이 되어 십자가에서 몸이 찢기시고 피 흘리심으로 인류의 모든 죄 값을 청산하셨습니다. 또한 죄로 말미암아 세상에 들어온 사망과 저주를 멸하여 주셨습니다.

예수님은 단 한 번의 제사만을 드렸습니다. 그의 단 한 번의 십자가의 제사로 우리를 영원히 온전하게 하였습니다. 단 한 번의 피 흘림으로 영원한 속죄의 은혜를 베풀어 주셨습니다.
다음의 말씀을 묵상하시고 적어봅시다. 그리고 큰 소리로 외쳐봅시다.

엡 1:7
우리는 그리스도 안에서 그의 은혜의 풍성함을 따라 그의 피로 말미암아 속량 곧 죄 사함을 받았느니라.

히 9:12
예수님이 영원한 속죄 제사를 단 한 번에 해결해 주셨다.

히 10:10
단번에 드리심으로 말미암아 우리가 거룩함을 얻었노라

예수님의 피로 영원한 속죄가 되지 않는다면, 구약 시대처럼 우리는 날마다 양을 잡아 제사를 드려야 합니다. 짐승은 영원히 사람을 대속할 수 없습니다. 그러나 예수님께서는 그 자신을 단번에 드림으로 영원한 속죄를 얻었습니다. 예수님은 나의 죄를 위해 죽으셨습니다. 내 죄 때문에 죽으셨습니다. 왜냐하면 우리를 속량하시기 위해서입니다.

예수님이 우리의 모든 죄와 연약함과 질병과 가난과 저주를 짊어지고 십자가에 달려 죽으셨습니다. 그러므로 우리는 영원한 생명과 함께 천국의 소망을 가지고 살 수 있게 되었습니다. 이제는 이 위대한 복음의 증인의 한 사람으로 사시기를 바랍니다.

다음의 보혈을 의지하여 큰 소리로 고백합시다.

그리스도 보혈의 능력이 우리의 죄를 깨끗하게 씻어주시는 것입니다.
그리스도 보혈의 능력만이 하나님께 나아가는 유일한 길입니다.
우리가 지불해야 할 죽음의 값을 대신 지불해 주시므로 우리는 값없이 생명을 얻었습니다.
그리스도의 보혈만이 하나님과의 단절되었던 관계가 회복될 수 있습니다.
예수 그리스도의 십자가의 보혈을 믿고 의지할 때 인생역전의 축복을 받습니다.
예수 그리스도의 보혈만이 사탄과 악한 영을 제압할 수 있으며 승리할 수 있는 무기입니다.

7장

되 사주신 '속량'의 능력

7장 되 사주신 '속량'의 능력

출 30:10

아론이 일 년에 한 번씩 이 향단 뿔을 위하여 속죄하되 속죄제의 피로 일 년에 한 번씩 대대로 속죄할지니라 이 제단은 여호와께 지극히 거룩하니라.

무조건적인 사랑

발렌타인 데이는 2월 14일에 여자가 남자에게 초콜렛을 선물하는 날이며 3월 14일은 화이트 데이로 남자가 여자에게 사탕을 주는 날입니다. 선물과 함께 사랑을 전하며 고백하는 날이기도 합니다.

신약성경 헬라어에는 "사랑"이라는 말이 여러 가지가 있습니다.

먼저 연인 간의 조건부 사랑인 "에로스"가 있습니다. 또한 친구 간의 사랑인 "필레오"가 있습니다. 그 다음에는 부자 간의 사랑인 "스톨케"가 있습니다.

그렇다면 하나님이 나를 향한 사랑은 무엇일까요? 그것은 바로 "아가페" 사랑입니다. 이는 무조건적인 사랑이요, 일방적인 사랑입니다. 하나님은 우리를 무조건적으로 사랑해 주셨습니다. 자신의 몸을 바친 십자가 그 사랑 말입니다.

여러분에게 금이야 옥이야 하고 기른 외아들이 있다고 가정해 봅시다. 그런데 동네가 위기에 처해 누구 한 사람의 생명을 제물로 바쳐야 온 동네 사람들이 구원을 받는다고 칩시다. 그럴 때 여러분은 자신의 외아들을 선뜻 내놓을 수 있습니까?

아마 자식이 넷, 다섯 있어도 동네 사람들의 생명을 구하기 위해 자기 자식을 하나 내놓겠다고 나서는 부모는 없을 것입니다. 그런데 하나님께서는 외아들 예수 그리스도를 우리에게 내어 주시되 그것도 영광스럽게 내어 주신 것이 아니라 십자가의 대속제물로 내어 주셨습니다.

사업에 있어서 약속어음이라는 결재수단이 있습니다. 약속어음이란 결재 금액을 우선적으로 먼저 끊어 주는 것입니다. 그리고 때가 되면 돈을 지불해야 하는 것입니다. 그러므로 약속어음만 계속 끊어주고 돈을 제 날짜에 채워 넣지 못하면 부도가 나는 것입니다.

하나님은 먼저 약속어음을 끊어 주셨고, 갚아야 할 날짜에 자신이 가진 최고의 가치로 지불해 주셨습니다. 그 최고의 가치가 예수님이십니다. 예수님을 십자가에 죽기까지 내 주심으로 하나님께서는 아낌없이 무조건적인 사랑을 베풀어 주셨습니다.

이것이 아가페의 사랑입니다.

다음은 〈요한복음 3장 16절〉 말씀입니다.

"하나님이 세상을 이처럼 사랑하사 독생자를 주셨으니 이는 그를 믿는 자마다 멸망하지 않고 영생을 얻게 하려 하심이라"

십자가의 피

구약 시대에 이스라엘 사람들은 양이나 염소나 송아지를 잡아 속죄제사를 드렸습니다. 그러나 지금은 우리는 영원한 속죄제사를 예수님의 피로 대신 치렀습니다. 그래서 완전한 구원을 얻었습니다.

성경은 "십자가의 피"라는 매우 의미 깊은 표현을 사용하고 있습니다.
이 간단한 문구가 얼마나 귀하게 사용되는지를, "십자가의 피"가 얼마나 큰 능력과 효력을 지니고 있으며 드러내는지도 알아야 합니다.
또한 그 피가 갖는 의미가 과연 무엇인지를 생각하는 것도 중요합니다.
그것을 생각함으로써 얻은 십자가의 능력과 사건은 하나님의 생명으로 나아가는 유일한 길입니다.
〈고린도후서 13장 4절〉 말씀을 보면 "그리스도께서 약하심으로 십자가에 못 박히셨으나 하나님의 능력으로 살아 계시니 우리도 그 안에서 약하나 너희에게 대하여 하나님의 능력으로 그와 함께 살리라"고 말씀하고 있습니다.
사도 바울은 십자가의 피가 하나님의 능력이라고 전하며, 그 그리스도의 보혈을 뿌림으로 악한 사탄을 제압하고 멸하였음을 말하고 있습니다.

다음 〈히브리서 10장 19-22절〉 말씀을 보십시오.

"그러므로 형제들아 우리가 예수의 피를 힘입어 성소에 들어갈 담력을 얻었나니, 그 길은 우리를 위하여 휘장 가운데로 열어 놓으신 새로운 살 길이요 휘장은 곧 그의 육체니라, 또 하나님의 집 다스리는 큰 제사장이 계시매 우리가 마음에 뿌림을 받아 악한 양심으로부터 벗어나고 몸은 맑은 물로 씻음을 받았으니 참 마음과 온전한 믿음으로 하나님께 나아가자"

그 보혈에 참여하는 자는 누구든지 그 보혈로 말미암아 바로 이 길 속으로 인도되는 것입니다. 그것이 바로 십자가의 길입니다. 자기 자신의 생명을 전적으로 희생시키는 것이야말로 하나님의 생명으로 나아가는 길입니다. 자기를 전적으로 부인하는 십자가야말로 우리 자신을 하나님께 드릴 수 있는 유일한 제단인 것입니다.

완전한 대피소

옛날 전쟁에서 포로를 잡으면 노예로 삼는 것이 관습이었던 때에, 때때로 그 포로들을 노예 신세에서 구출해 내기 위해 매우 높은 금액을 지불하고 구해냈습니다.

예수 그리스도는 자신의 피로 악한 사탄의 결박과 묶임, 그리고 노예 신세로부터 우리들의 자유를 사해 주셨습니다. 즉, 비싼 대가를 지불하고 샀다는 의미입니다. 그러므로 묶임과 결박으로부터 자유와 해방을 누리게 된 것입니다.

전쟁에서 살기 위해 가장 안전한 대피소를 찾아 들어가는 것처럼 예수 그리스도의 피가 우리를 보호해 주므로 우리는 튼튼한 대피소에서 안전하게 잠을 잘 수 있는 것입니다. 실제로 우리는 종종 그 피를 "세상에서 가장 튼튼한 공습 대피소"라고 합니다. 그래서 매일 밤 잠자리에 들기 전에 우리 자신과 가정, 그리고 자녀들을 예수 그리스도의 보혈로 덮어주어야 합니다. 그래야 사탄이 주는 영적 폭탄이 투하되어도 아무런 문제가 되지 않는 것입니다. 온전히 보호될 수 있습니다.

우리의 결박과 묶임, 질병과 사망 그리고 상처와 근심으로부터 우리는 완전한 보호를 얻는 것입니다.

한 번은 선교사들이 에스키모인들에게 열심히 복음을 가르쳤습니다. 그런데 20년 이상을 그렇게 가르쳤지만, 그들의 지독한 무관심은 변할 줄 몰랐습니다. 그러던 어느 날 저녁 한 선교사가 자기를 방문한 독신 에스키모에게 자기가 번역한 신약 성경의 한 부분을 읽어 주었습니다. 그 부분은 바로 하나님의 아들의 고난과 죽으심에 대한 것이었습니다. 이를 듣고 그 사람의 마음이 깨어졌습니다. 그리고 즉시 믿고서 하나님을 영접하게 되었습니다. 이는 그리스도의 피가 승리를 거둔 증거입니다.

그리스도의 피는 분명히 능력이 있습니다.

사탄이 주는 어떤 영적 폭탄이 떨어져도 안전하고 보호 받을 수 있는 그리스도의 보혈 안으로 들어가시어 평안을 누리는 삶을 사시기를 바랍니다.

속량(Redemption: 되 산다)

고전 6:20
값으로 산 것이 되었으니 그런즉 너희 몸으로 하나님께 영광을 돌리라

'속량'이란 누군가가 대신 값을 값없이 지불해 주었다는 것입니다. 내 의지와 관계없이 값을 지불했다는 것입니다. 예를 들어, 한 사람이 돈이 필요해 전당포에 시계를 맡기고 100만원을 얻어 사용했습니다. 그리고 열흘 후 그 시계를 되찾기 위해 전당포로 갔습니다. 그러나 시간이 지났다 하여 200만원을 요구하는 것입니다. 그만한 돈이 없어 다시 살 수가 없었습니다. 그런데 누군가가 내 의지와 관계없이 대신 값을 지불해주고 그 시계를 되찾아 주었습니다. 값없이, 공짜로, 선물로 주었다는 것입니다. 이것이 속량의 의미입니다.

〈로마서 3장 24절〉의 말씀을 찾아 믿음의 눈으로 바라보고 묵상해 봅시다. 그리고 그 은혜의 말씀을 아래에 적어봅시다.

〈고린도전서 6장 20절〉의 말씀을 충분히 묵상하신 후 아래에 적어봅시다.
"값으로 산 것이 되었으니 그런즉 너희 몸으로 하나님께 영광을 돌리라"

속죄(贖罪:atonement: 보상, 갚음, 배상)

레 7:1-2
속건제의 규례는 이러하니라 이는 지극히 거룩하니 번제물을 잡는 곳에서 속건제의 번제물을 잡을 것이요 제사장은 그 피를 제단 사방에 뿌릴 것이며

구약성경 레위기에는 하나님께 바치는 제사 재물과 봉헌 방법을 상세히 기록하고 있습니다. 일단 재물의 선별부터 흠 없는 것으로 꼼꼼히 구별해야 하고 번제물일 경우엔 반드시 수컷이어야 하며 모두 불에 태워서 연기로 바쳐야합니다. 또한 이 번제물은 꼭 주님 앞에서 잡아야 하며 그 장소도 제단의 북쪽에서 해야 했습니다. 이와 같이 하나님께서는 모세를 통해 죄를 사하는 제사 방법을 상세하게 보여주고 있습니다(레 7:1-14). 그런데 〈레위기 7장 1-2절〉 말씀을 보면, 제사 재물이 지극히 거룩해야하고 그 피를 제사장이 제단 사방에 뿌려야 함을 보여주고 있습니다.

히 10:19
그러므로 형제들아 우리가 예수의 피를 힘입어 성소에 들어갈 담력을 얻었나니

〈레위기 16장 14절〉 말씀에서는 대제사장이 백성들을 위해서 속죄할 때

에 피를 일곱 번 뿌렸다고 말합니다. 속죄(atonement)는 하나님과의 끊어졌던 관계에서 또는 그 분과 멀어졌던 관계를 화해시키고 회복시키는 것을 의미합니다.

인간의 노력으로는 절대 하나님과 올바른 관계를 누릴 수 없으며 오직 예수님의 보혈로 이루어지는 것입니다.

예수 그리스도가 나를 대신하여 속죄 제물로 드려졌습니다. 예수님에 의해 우리의 죄 값이 치러졌다는 의미입니다. 그로 인해 우리는 하나님께 죄 사함과 용서함을 받고 하나님의 자녀가 되었습니다. 영원한 속죄를 이루신 것입니다.

〈출애굽기 30장 10절〉의 말씀을 찾아 믿음의 눈으로 바라보고 묵상해 봅시다. 그리고 그 은혜의 말씀을 아래에 적어봅시다.

....

....

....

구속

피를 흘리신 일은 우리 주님의 고난의 절정이었습니다. 그리스도의 고난의 속죄의 효능이 바로 그 흘리신 피 속에 있었습니다.

그리스도의 피는 그 자체로 무한한 가치를 지녔습니다.

'구속'의 사전적 의미를 보면 구원과 같은 의미로 사용되지만, 정확하게는 노예를 값을 주고 사거나 해방시키는 것을 의미합니다. 그러므로 구속은 가격을 지불하고 되사는 것입니다.

예수님께서 최고의 값을 주고 피 흘려 나를 사셨다면, 내가 세상의 그 어떤 것보다도 소중한 보물이였기 때문입니다.

종이나 노예 된 사람의 속전을 지불하고 자유케 해 주는 것을 말합니다. 그런데 예수님께서 자신을 대가로 지불하고 속전이 되서서 우리를 해방시켜 주셨습니다.

다음 아래의 말씀을 찾아 적어봅시다. 말씀을 삶에 그대로 적용해 봅시다.

벧전 1:19
오직 흠 없고 점 없는 어린양 같은 그리스도의 보배로운 피로 한 것이니라

레 16:14
그는 또 수송아지의 피를 가져다가 손가락으로 속죄소 동쪽에 뿌리고 또 손가락으로 그 피를 속죄소 앞에 일곱 번 뿌릴 것이며

히 13:20
양들의 큰 목자이신 우리 주 예수를 영원한 언약의 피로 죽은 자 가운데서 이끌어 내신 평강의 하나님이

히 9:12
염소와 송아지의 피로 하지 아니하고 오직 자기의 피로 영원한 속죄를 이루사 단번에 성소에 들어가셨느니라

그리스도의 피의 계속되는 뿌림 아래서 여러분 자신을 보호하십시오. 그 피가 여러분 속에서 효력을 발휘하게 해 주시기를 하나님의 어린양께 구하십시오.

예수님의 피의 그 놀라운 능력의 역사에 비할 것이 아무것도 없다는 사실을 여러분이 반드시 체험하게 될 것입니다.

롬 3:24-25

그리스도 예수 안에 있는 속량으로 말미암아 하나님의 은혜로 값없이 의롭다 하심을 얻은 자 되었느니라 이 예수를 하나님이 그의 피로써 믿음으로 말미암는 화목제물로 세우셨으니 이는 하나님께서 길이 참으시는 중에 전에 지은 죄를 간과하심으로 자기의 의로우심을 나타내려 하심이니

8장

희생양으로 오신 예수

8장 희생양으로 오신 예수

고전 5:7
너희는 누룩 없는 자인데 새 덩어리가 되기 위하여 묵은 누룩을 내버리라 우리의 유월절 양 곧 그리스도께서 희생되셨느니라

마 20:28
인자가 온 것은 섬김을 받으려 함이 아니라 도리어 섬기려 하고 자기 목숨을 많은 사람의 대속물로 주려 함이니라

에덴의 회복

어떤 분은
성경을 세 그루의 나무로 표현하였습니다.

첫 번째 나무는
창세기 2장에 나오는
에덴동산 가운데 있었던 생명나무를 말합니다.

두 번째 나무는
요한 계시록 22장에 나오는 생명나무입니다.

세 번째 나무는
십자가 나무입니다.

어린 양으로 오셔서 유월절 날에
달려 죽으신 예수님이 지셨던 나무입니다.

사 53:7

그가 곤욕을 당하여 괴로울 때에도 그의 입을 열지 아니하였음이여 마치 도수장으로 끌려 가는 어린 양과 털 깎는 자 앞에서 잠잠한 양 같이 그의 입을 열지 아니하였도다.

유월절 어린 양(lamb)

양은 소과에 속하는 초식동물로서 전 세계에 골고루 분포되어 있습니다.

양은 특히 이스라엘 사람들과 관계가 깊은 동물입니다. 그렇다면 가축으로 성경에서 제일 먼저 기록된 동물은 무엇일까요?

〈창세기 4장 4절〉에 보면 양인 것을 알 수 있습니다.

고대 이스라엘 사람들은 양을 희생 제물로 사용하였습니다(출 29:22, 레 3:7). 또한 족장들의 큰 재산이기도 했습니다(욥 1:2).

양의 젖은 가장 가치 있는 생산물이었고 가죽과 털은 고급 천이나 이불, 천막 등으로 이용되었습니다. 또한 뿔은 나팔과 기름 담는 그릇으로 사용되었습니다.

그리고 양을 잡아서 손님을 대접하는 것이 최고로 환대한다는 표시였습니다.

양들은 무리를 지어 생활하고 높은 곳에 오르기를 좋아하며 1년에 두 번 새끼를 낳습니다. 그리고 과거 중동 지방에서는 양마다 이름이 있고, 그 이름을 불러주면 사람을 잘 따릅니다(겔 34:11-12). 그래서 목동은 모든 양의 이름을 기억하며 불렀습니다.

예수님께서는 거짓 선지자들의 계략을 드러내실 때도 양으로 비유하셨습니다. 그들은 양의 옷을 입고 사람들에게 오나 실상은 노략질하는 자라는 것입니다(마 7:15). 또 다른 비유에서는 성도들을 양으로, 이리를 악한 사탄과 성도들을 속이는 거짓선지자로 표현하시곤 하였습니다(마 10:16, 행 20:29-32).

그 중 어린 양(lamp)은 생후 1년 미만의 양을 말하며 희생 제사의 제물로 사용되었습니다. 아벨은 처음으로 어린 양(lamp)을 하나님께 드렸습니다(창 4:2-4).

성경에서 어린 양은 하나님의 아들이신 "예수 그리스도"를 의미합니다. 그리고 그는 죄를 위한 희생 제물로 죽임을 당했습니다.

그럼 어린 양의 피가 가져다주는 것은 무엇입니까?

어린 양의 피가 용기를 주고, 사랑을 일깨우며 사탄을 궤멸할 수 있는 무기를 제공해 주는 것입니다.

우리에게 용기를 가져다 준 것은 다름 아닌 "그리스도의 피"였고, 그 피의 능력을 믿는 믿음인 것입니다. 그것이 구원의 확신이 되는 것입니다.

잠깐, 퀴즈를 내 보겠습니다.

예수님의 보혈의 은총을 받기 위해서는 어떻게 해야 할까요?

(1) 믿어야 한다. (2) 회개해야 한다. (3) 세례를 받아야 한다. (4) 이 모든 것이 다 필요하다.

예, 정답은 4번이 맞습니다. 예수님의 보혈의 은총을 받기 위해서는 이 모든 것이 다 필요합니다. 일단 보혈의 능력을 믿어야 하고 회개가 이루어져야 합니다. 그리고 거듭난 자녀가 되기 위해서 세례를 받아야 됩니다.

먼저 복음서에 나타난 예수님의 이야기 대신, 신약성경 바울서신 가운데서 한 구절을 살펴보려고 합니다. 이것은 예수님을 인류 역사적인 관점에서 바라보는 계기가 될 것입니다.

바울은 예수를 우리를 위해 죽으신 유월절 어린 양으로 부르고 있습니다. 〈고린도전서 5장 7절〉 말씀을 보겠습니다. 말씀을 충분히 묵상하시고 적어봅시다.

"너희는 누룩 없는 자인데 새 덩어리가 되기 위하여 묵은 누룩을 내버리라 우리의 유월절 양 곧 그리스도께서 희생되셨느니라."

유월절의 능력

온 애굽에서 처음 난 모든 것들이 죽는 재앙이 일어나는 밤에 이스라엘 백성들은 자기들이 사는 집 문의 인방과 두 기둥의 문설주에 어린 양의 피를 바르고 밤새도록 집 밖으로 나가지 않는 믿음을 보여주었습니다. 그 결과 "피 아래"있게 되어 죽음의 천사로부터 보호를 받았습니다.

그 중 유대인들의 3대 절기는 유월절, 오순절 그리고 초막절입니다.

유월절은 십자가 위에서 성취될 그리스도의 구속 사역을 예표하는 것입니다. 그리고 신약에서 유월절은 예수 어린 양을 의미합니다(요 1:29,

19:36). 유월절은 히브리어로 "페사흐", 헬라어로는 "파스카"로써 이는 "넘어가다", "지나가다"는 의미를 가지고 있습니다. 그리고 "유월"이란 말은 영어로는 "패스 오버(pass over)", 즉 "넘어서 지나가다"는 뜻입니다.

이스라엘의 장자 대신 어린 양이 피 흘려 죽음으로 죽음의 심판이 그 집을 넘어 간 사건을 기념하는 것이 바로 유월절인 것입니다.

유월절의 어린 양은 흠이 없어야 했듯이, 그리스도는 깨끗하고 흠도 없으신 분이었습니다. 그리고 실제로 예수님이 돌아가신 것도 유월절 날이었습니다. 예수님이 대신 죽임을 당함으로써 유월절 어린 양이 되었던 것입니다.

영적 문설주와 인방에 피를 바르라

출 12:13
문틀에 피를 발랐으면, 그것은 너희가 살고 있는 집의 표적이니, 내가 이집트 땅을 칠 때에, 문설주에 피를 바른 집은, 그 피를 보고 내가 너희를 치지 않고 넘어갈 터이니, 너희는 재앙을 피하여 살아남을 것이다.

옛날 우리 조상들은 동지 날 팥죽을 쑤어 악귀를 쫓는다며 여기저기 뿌리는 풍습을 가지고 있었습니다. 또한 저는 어머니가 어릴 적에 어떤 절기에 떡을 해서 먹기 전에 뒤 울타리와 뒤 광에다 떡을 떼어 놓는 것을 보았습니다. (동지 날은 24절기 중의 하나로서 음력 11월 초를 말한다.)

지금도 사람들은 조상의 산소에 가면, 북어나 고기를 제사 드리기 전에 먼저 산신령에게 바친다는 의미로 산소 주변에 놓아둡니다.

이와 같은 풍습이 애굽에 내린 열 번째 재앙과 비슷하지 않나 생각합니다.

〈출애굽기 11장 4-6절〉 말씀을 보면 하나님이 이스라엘 지도자 모세를 통해 애굽의 바로 왕에게 내렸던 열 번째 재앙은, 애굽의 모든 장자와 동물을 포함하여 처음 난 것을 죽이는 것이었습니다. 다시 말해서 그날 밤에 동물을 포함하여 왕의 아들로부터 종의 아들까지 장자는 모두 죽임을 당한다는 것이었습니다.

그러나 이스라엘 자손에게는 사람이든, 짐승이든 애굽 사람과는 구별하겠다는 약속이 있었고 그날 밤 이스라엘 사람들은 어린 양을 잡아서 그 피를 문설주와 인방에 바르라고 하신 말씀에 순종하였습니다. 그러나 애굽 전역은 장자를 잃은 통곡 소리로 덮였습니다.

이스라엘 사람들의 집에는 죽음의 형벌이 내리지 않았던 것은 하나님의 약속대로 문설주와 인방에다 피를 발랐기 때문입니다.

"내가 피를 볼 때에 너희를 넘어가리니 재앙이 너희에게 내려 멸하지 아니하리라."

이 말씀은 하나님의 약속입니다. (그 집의 문에 피를 발랐으면, 죽음의 심판이 넘어가고, 그렇지 않았으면 그 집에 심판이 내렸습니다.) 그 집의 장자가 대신 양이 먼저 죽어 피를 흘렸기 때문입니다. 문설주에 피를 바른 곳에는 죽음의 심판이 넘어갔지만 발라지지 않은 그 자리엔 죽음의 재앙이 내렸습니다.

진정으로 영생을 얻기 위해서는 다음의 3가지를 깨달아야 합니다.

첫째로, 죄에서 구원받고자 하는 자는, 그리스도의 보혈이 자기 때문에 흘린 것이라는 사실을 믿어야 합니다.

둘째는, 문에 바른 어린 양의 피는 밖에서 볼 수 있듯이, 구원 받은 자는 공개적으로 그리스도가 구원자이심을 시인하고 확증해야 합니다.

그리고 마지막으로, 어린 양의 피를 문에 바르고 그 집안에서 어린 양의 고기를 먹었듯이, 구원 받은 성도는 참된 양식과 음료인 그리스도의 살과 피를 먹고 살아야 합니다(요 6:52-59).

이제 단호하게 그리스도의 보혈을 적용하며 삽시다.

우리는 지금 영적 문설주와 인방에다 피를 발라야 할 때입니다. 피를 발라야 재앙과 저주와 악마의 침입으로부터 보호를 받을 수 있는 것입니다.

우리는 오랜 시간 사탄의 종살이를 했습니다. 그러나 하나님께서는 유월절 어린 양으로 사탄을 심판하셨습니다. 그리고 우리는 피를 발랐으므로 죄악의 쇠사슬에서, 종살이에서 벗어날 수 있습니다. 미움의 종살이에서, 열등감의 묶음에서, 그리고 우울감의 사슬에서 벗어날 수 있습니다.

따라서 여러분의 영적 감옥 문은 이미 열려있습니다. 죄악에서, 사탄의 덫에서, 질병에서, 가난과 저주에서, 죽음과 지옥에서, 그리고 근심과 염려에서 나와야 합니다. 그저 믿음으로 보혈을 뿌리고 나오시면 됩시다.

하나님은 즉시 구름기둥과 불기둥으로 인도해 주시고, 그리스도의 피로 보호해 주실 것입니다.

실제적으로 문제 위에 피를 바르고 삶에 적용해보십시오.

자유와 해방을 경험하시게 될 것입니다.

주님,
사탄 마귀가 걸어놓은 우울함과 어두움을 대적합니다.
이 우울함과 어두움을 가져다주는 악한 영들아,
나는 주 예수 그리스도의 이름으로 너를 결박하여 대적하노라,
너를 받아들이지 않겠다. 당장 물러가라.
우울함의 악한 영들아, 떠나가라!
아멘.

대신 죽으심의 유사점

고대 애굽에서 행했던 유월절과 예수님과의 첫 번째 유사성은 이 두 경우 모두 사람을 대신해 죽었다는 사실입니다. 바로의 굳고 강퍅한 마음 때문에 죽음이 애굽의 모든 집에 임했습니다. 여기에는 어떤 예외도 없었습니다. 이것이 인간의 처지를 잘 보여주는 한 예입니다.

우리의 죄악으로 인해, 물론 나면서부터 받은 죄악 때문이 아니라 우리가 살면서 저지른 죄악 때문에 죽음이 우리에게 임하는 것입니다.

이와 같은 죽음은 어느 한 사람에게만 임하는 것이 아니라 모든 사람에게 임합니다. 〈로마서 3장 23절〉에서는 우주에 만연한 죄에 대해 이렇게 선언하고 있습니다.

"모든 사람이 죄를 범하였으매 하나님의 영광에 이르지 못하더니"

3장 뒤에 나오는 〈로마서 6장 23절〉에서는 "죄의 삯은 사망"이라고 합니다. 여기서 말하는 사망은 하나님과 영원히 격리되는 영적 죽음을 의미합니니

다. 그러므로 유월절과 비교해보면 죽음이 모든 사람에게 임한다는 사실을 알 수 있습니다.

이것이 첫 번째 죽으심의 유사점입니다.

다음은 두 번째 유사점을 보겠습니다.

그것은 오직 한 가지만 이 죽음을 피하고 구원할 수 있다는 사실입니다. 그것이 바로 어린 양의 피 입니다. 흠 없는 어린 양의 피 외에는 아무것으로도 죽음을 피할 수 없었다니, 정말 놀랍지 않습니까?

죽음을 붉은 색 페인트로 그것을 대체할 수 없었습니다. 붉은색으로 염색한다고 되지도 않습니다. 붉은 즙이나 과일이나 야채로 칠한다고 되지도 않습니다. 그렇다고 당나귀나 낙타, 개, 고양이, 말의 피로 대체할 수도 없습니다. 흠 없는 어린 양의 피 외에는 그 어떤 것으로도 이것을 대체할 수 없었습니다.

이제 참으로 중요한 말씀을 여러분께 드리고 싶습니다.

어린 양의 피 외에는 어떤 것도 우리를 영적 죽음에서 구원하지 못합니다.

3,500년 전 애굽에서 이스라엘 백성들이 잡은 어린 양이 아니라 하나님의 어린 양 예수님의 피 외에는 어떤 것도 우리를 구원하지 못합니다.

〈이사야 53장 7절〉 말씀을 보면 "그가 곤욕을 당하여 괴로울 때에도 그의 입을 열지 아니하였음이여 마치 도수장으로 끌려 가는 어린 양과 털 깎는 자 앞에서 잠잠한 양 같이 그의 입을 열지 아니하였도다." 고 하셨습니다.

그가 태어나기 700년 전 위대한 선지자는 이미 그에 대한 예언을 하면서 이 어린 양이 죽임을 당할 것이라고 했습니다.

예수님보다 먼저 온 세례 요한은 〈요한복음 1장 29절〉에서 예수님이 오시는 것을 보고 이렇게 말했습니다. "이튿날 요한이 예수께서 자기에게 나아오심을 보고 이르되 보라 세상 죄를 지고 가는 하나님의 어린 양이로다"

사도 요한도 성경의 마지막 책 요한계시록에 하늘나라에서 예수님이 서 계신 모습을 보고 같은 말을 남겼습니다. 〈요한 계시록 5장 6절〉에 보면 일찍 죽임을 당한 어린 양이라고 했습니다.

"내가 또 보니 보좌와 네 생물과 장로들 사이에 한 어린 양이 서 있는데 일찍이 죽임을 당한 것 같더라 그에게 일곱 뿔과 일곱 눈이 있으니 이 눈들은 온 땅에 보내심을 받은 하나님의 일곱 영이더라"

그 양이 바로 우리를 죽음에서 구하는 어린 양입니다. 이를 아름답게 그린 성경말씀이 〈베드로전서 1장18-19절〉입니다.

"너희가 알거니와 너희 조상이 물려 준 헛된 행실에서 대속함을 받은 것은 은이나 금 같이 없어질 것으로 된 것이 아니요 오직 흠 없고 점 없는 어린 양 같은 그리스도의 보배로운 피로 된 것이니라"

금으로도 할 수 없고, 은으로도 할 수 없으며, 선한 행위로도 죽음을 피하여 구원을 얻을 수 없습니다. 오직 어린 양 예수 그리스도의 피라야 구원할 수 있는 것입니다. 이 위대한 구원 계획은 그렇게 이루어진 것입니다.

예수님은 하나님이 육신을 입고 오신 하나님의 어린 양이라고 믿어야 합니다. 신앙고백으로 거기에 덧붙여 베드로의 고백처럼 "예수님은 살아계신 하나님의 아들이요. 세상에 오시는 구세주"라는 신앙고백이 뒤따라야 합니다. 〈로마서 10장 9-10절〉 말씀은 수많은 전도자들이 인용하는 구절입니다.

"네가 만일 네 입으로 예수를 주로 시인하며 또 하나님께서 그를 죽은 자 가운데서 살리신 것을 네 마음에 믿으면 구원을 받으리라

사람이 마음으로 믿어 의에 이르고 입으로 시인하여 구원에 이르느니라."

축제로서의 어린 양 예수

계 7:14
내가 말하기를 내 주여 당신이 아시나이다 하니 그가 나에게 이르되 이는 큰 환난에서 나오는 자들인데 어린 양의 피에 그 옷을 씻어 희게 하였느니라

우리는 어린 양 예수를 기념하는 이 잔치를 일 년 내내 베풀고 있습니다. 예수님이 돌아가시기 전에 제자들에게 이 만찬을 행하라고 명령하셨습니다.

우리의 예배로 보혈의 예식을 지킵니다. 우리가 먹는 떡은 주님의 몸을 상징하고, 우리가 마시는 포도나무에서 난 것은 그의 피를 상징하는데, 하늘나라에서 주님과 함께 마실 때까지 우리는 이 만찬을 계속 기념할 것입니다. 그러므로 두 사건 모두 축제가 뒤따랐던 것을 알 수 있습니다.

성경을 읽으면서 저도 미처 깨닫지 못한 것이지만 요한복음을 자세히 읽어보면 사람들이 예수님을 로마인들에게 어떻게 떠넘겼는지를 알 수 있습니다.

사람들이 예수를 빌라도에게 넘겨주면서도 안으로 들어가려 하지는 않았습니다.

왜 그랬는지 아십니까? 그러면 부정하게 되어 유월절 전에 정결례를 행해야 했기 때문이었습니다(요 18:28). 그러므로 사람들이 예수님을 유월절 전에 십자가에 못 박기를 그렇게도 간절히 원했던 것입니다. 그래야만 유월절이 시작되기 전 끝낼 수 있었으니까요.

또 그날 토요일 유월절을 위해 어린 양을 잡아야 했으니까요. 그러므로 성경을 자세히 읽어보면 예수님이 십자가에 달리시던 바로 그 시각 수없이 많은 유월절 어린 양들도 함께 예루살렘에서 죽임을 당한 것입니다. 이 얼마나 장엄한 모습입니까?

우리 유월절 어린 양의 구원의 계획은 이렇게 이루어졌던 것입니다.

이제 이 축제의 의미를 되새기며 즐기십시오.

우리의 삶에서 보혈 뒤에 오는 축제를 매순간 느끼시며 살길 소망합니다.

예배는 축제의 시간이므로 기대하시며 사모하시기 바랍니다.

이 시간 보혈 기도로 간구합니다.

다음의 보혈을 의지하여 삶의 영역에서도 크게 외쳐가며 기도합시다.

예수님의 십자가로 인해 이제 당신이 사탄을 무서워하는 것이 아니라 도리어 사탄이 당신을 무서워하고 두려워할 수밖에 없습니다.

왜냐하면 당신에게는 사탄의 권세를 멸할 수 있는 예수님의 피를 뿌릴 수 있는 능력을 갖고 있기 때문입니다.

그래서 사탄의 종 되었던 당신이 예수님의 보혈로 해방되었습니다.

보혈을 의지하여 기도합니다.

주님,
그리스도의 피는 죄악의 쇠사슬을 모두 끊어버립니다.
우리의 문제도, 죄의 용서함도, 죄악의 악한 습관도, 예수 그리스도의 보배로운 피의 능력밖에 없습니다.

미움의 쇠사슬에 묶여 있다면, 보혈로 말미암아 화목하게 되게 하옵소서.

질병의 종살이에서도, 오직 예수의 보혈의 능력으로 청산할 수 있습니다.

가난과 저주의 사슬에서도 보혈의 능력으로 해방될 수 있습니다.
주님의 축제의 예배를 즐길 수 있습니다.
삶에서 누릴 수 있음을 고백합니다.
아멘.

9장

대속죄일 (代贖罪日)

9장 대속죄일(代贖罪日)

히 9:7
오직 둘째 장막은 대제사장이 홀로 일 년에 한 번 들어가되 자기와 백성의 허물을 위하여 드리는 피 없이는 아니하나니

죄와 저주와 죽음을 전가시킴

어느 날 D.L 무디 목사님은 빈 잔을 들고 강대상에 올라서서 성도들에게 물었습니다. "여러분, 이 컵 속에 공기를 빼려면 어떻게 하면 될 수 있다고 보십니까?"

많은 사람들이 의견을 제시했습니다. "펌프나 강력한 청소기로 공기를 빨아들이거나, 컵을 뒤집거나, 아니면 빨리 흔들면 됩니다."

그러나 바라는 정확한 답이 끝내 나오지 않자 D.L 무디 목사님은 옆에 있던 물 주전자를 들고 컵에 물을 채웠습니다.

"물이 채워진 컵 속에 공기가 남아 있겠습니까? 당연 공기는 없습니다."

그렇습니다. 우리의 죄악도 물 같은 그리스도의 피로 우리의 심령에 채워서 추방해야 합니다. "예수의 피"로 채워진 곳에는 악한 사탄 마귀는 발붙이지도 못합니다. 피를 사용할 때에 하나님의 영광이 임합니다.

이스라엘을 방문한 한 취재기자가 현대의 이스라엘 사람, 즉 유대인들에게 물었습니다.

"이 세상에서 가장 중요한 사람은 누구입니까?"

"대제사장입니다."

"이 세상에서 가장 중요한 장소는 어디입니까?"

"지성소입니다."
"이 세상에서 가장 중요한 일은 무엇입니까?"
"죄 사함을 받는 일입니다."
"이 세상에서 가장 중요한 날은 언제입니까?"
"대속죄일입니다."

구약시대의 사람들은 매년 한 번 7월 10일(레 23:27)에 일을 하지 않고 속죄의 제물을 드립니다. 속죄의 양 중 하나를(아사셀) 사람이 살지 않는 광야로 몰아냅니다. 이를 통해 유대인들은 자신들의 죄와 저주와 정죄가 아사셀 양에게 전가되어 그들이 사함을 받는다고 생각했습니다(레 16:6-10).

지금도 이스라엘 백성들은 일주일 동안 금식하며 대속죄일을 지킵니다. 특별히 매년 대속죄일이 되면 대제사장이 성막에 들어가서 성소의 모든 것을 지나 언약궤가 모셔진 지성소 안으로 들어갑니다.

〈히브리서 9장 7절〉 말씀을 보면 "오직 둘째 장막은 대제사장이 홀로 일 년에 한 번 들어가되 자기와 백성의 허물을 위하여 드리는 피 없이는 아니하나니"

그렇습니다. 오직 일 년에 단 한번 대제사장만이 피를 가지고만 들어갈 수 있습니다. 지성소에 들어간 대제사장은 백성들의 죄를 속죄하기 위해 시은좌(은혜의 자리)에 어린 양의 피를 뿌리는 특별한 제사를 드렸습니다(레 16:14,15,19). 그 피를 왜 속죄소 앞에 일곱 번을 뿌렸을까요?

이 피 뿌림은 하나님과 나와의 끊어진 관계를 회복하기 위함입니다. 즉 회복의 제사 '속죄'를 의미합니다. 그러나 이러한 속죄제사는 후에 있을 사건인 예수님이 십자가에서 자신의 생명을 내어주시는 희생 제사를 예고해 주는 예표이기도 합니다.

대속죄일

마 20:28
인자가 온 것은 섬김을 받으려 함이 아니라 도리어 섬기려 하고 자기 목숨을 많은 사람의 대속물로 주려 함이니라

대속죄일에 대하여 자세히 살펴봅시다.
먼저 한 마리는 죄를 짊어지워 제단에서 죽입니다. 정사각형 놋 제단에서 죽여 속죄 제물로 드렸습니다(레 16:8-10, 18-20). 그리고 그 염소의 피를 가지고 지성소에 들어가 피를 뿌려 속죄 제사를 드렸습니다. 그 염소는 우리 죄를 대신하여 죽은 것입니다. 이것은 예수님의 죽음을 의미합니다. 〈마태복음 20장 28절〉의 말씀입니다.
"주님은 어린 양으로 오시어 우리 대신 죄를 담당하시고 끌려가 죽으신 것입니다."
대제사장은 대속죄일이 있는 날에는 짐승의 피를 가지고 성소에 들어가기 직전에는 사람들이 그를 만질 수 없었습니다. 그가 속죄소에서 피를 제물로 드리고 영접하심을 받은 후에야 사람들이 그를 만질 수 있었습니다.
만일 대제사장이 피가 없이 성소에 들어갔다면 그는 즉시 죽습니다. 속죄소 앞에서 제물을 바치고 피를 뿌리면 하나님의 임재의 영광이 어두운 방을 밝혔습니다. 그 때에 하나님은 속죄소 위에서 대제사장과 말씀하셨습니다(출 25:22).

지성소에서 나온 대제사장은 그 한 마리의 양(염소) 머리에 안수(按手)를 하고 이스라엘 백성들의 모든 불의와 범죄를 그 염소에게 전가 시킵니다.

이스라엘 백성들이 우상숭배하고 하나님의 이름을 더럽힌 죄, 부모를 거역한 죄, 살인한 죄, 간음한 죄, 도둑질 한 죄, 거짓말 한 죄 등의 모든 죄를 그 염소(양)에게 짊어지게 합니다. 그리고 나서 그 염소를 끌어다가 광야 무인지경(無人之境)에 내어다 버립니다.

그러면 거기서 맹수에게 잡혀 먹히든지 굶어죽든지 할 것입니다. 마을 어귀에서 자기들의 죄를 지고 광야를 내몰리는 어린 염소를 보며 사람들은 "저 죄 없는 염소가 우리 죄를 지고 가는구나!"라고 생각했습니다. 그리고 위로를 얻었을 것입니다.

대속죄일의 희생제물처럼 세상의 모든 사람의 죄가 예수님께 전가되었고, 그 죄에 대한 심판이 십자가 위에서 내려졌습니다(벧전 3:18). 그리고 예수님의 피는 우리를 죄와 그 심판으로부터 벗어나게 했습니다(계 1:5). 또한 이는 영원한 천국 백성으로 삼는 은혜의 자리가 됩니다.

▲ 광야 무인지경으로 내보내는 염소(양)

속죄양이 되신 예수

벧전 3:18
그리스도께서도 한번 죄를 위하여 죽으사 의인으로서 불의한 자를 대신 하셨으니, 이는 우리를 하나님 앞으로 인도하려 하심이라.

인간은 불의 했으며 스스로 그의 죄를 갚을 수 있는 아무 공로도 없었습니다. 죄의 삯은 사망이므로(롬 6:23), 영원히 죽는 것 외에는 더 이상 기대할 것이 없었습니다.

구약에서는 하나님께서 지정해주신 동물들의 가죽을 벗기고 피를 쏟아 죽이는 속죄제사를 드림으로 죄사함을 받았습니다.

신약시대에는 그와 같은 수고를 없애시려고 하나님께서는 자신의 독생자이신 예수님을 드림으로 우리 인간의 죄의 값을 지불하셨습니다. 사람이 하나님께 범한 죄를 용서받았습니다. 그러나 예수님께서 이 땅에 오셔서 우리 죄를 대신 짊어지고 십자가에 당신의 몸을 찢고 피를 쏟아서 우리의 속죄제물이 되어주셨습니다. 그러므로 이제 더 이상 양을 잡아 속죄 제물로 드리지 않아도 되며, 염소를 잡아 죄를 지고 광야로 보내는 그런 규례를 더 이상 드리지 않아도 됩니다.

다음 말씀을 통해 이에 대한 사실을 확인할 수 있습니다.
"예수께서 백성을 거룩하게 하려고 피를 흘렸고 성문 밖에서 고난을 당하였다"(히 13:12),
"예수가 세상 죄를 지고 가는 하나님의 어린 양이로다"(요 1:29).

이 속죄 제사를 통해 이제 우리는 어린 양으로 오신 예수 그리스도의 보혈로 말미암아 용서를 받고 의로움을 얻습니다. 더 이상 대속죄일은 없습니다. 단 일 년에 한 번이 아니라 언제든지 수시로 어린 양으로 오신 예수님의 보혈을 힘입어 죄 사함을 누릴 수 있습니다.

미국의 선교사였던 보먼 박사가 인도 켈커타의 나환자 수용소 안에 교회를 건축하게 되었습니다. 그런데 준공식이 있던 날 82세의 한 인도 노인이 예수님을 믿기로 작정하고 앞으로 나왔습니다. 박사가 그 노인에게 물었습니다.
"왜 이 나이에 예수를 믿기로 작정하셨습니까?"
그러자 이 노인은 이렇게 대답했습니다.
"예, 지금까지 나는 많은 신들을 섬겼습니다. 그러나 그들 가운데 나를 위해서 죽어준 신은 한 분도 만나보지 못했는데, 예수만이 나를 위해서 대신 죽어주셨습니다."
그렇습니다. 내 생명을 위해 죽으신 분은 오직 예수 그리스도뿐이십니다.

"육체의 생명은 피에 있음이라 내가 이 피를 너희에게 주어 제단에 뿌려 너희의 생명을 위하여 속죄하게 하였나니 생명이 피에 있으므로 피가 죄를 속하느니라"
위 〈레위기 17장 11절〉 말씀을 읽으신 후 아래에 적어봅시다.

_____

_____

성막의 모양

구약의 이스라엘 백성들은 성막에서 하나님 앞에 속죄 제사를 드렸고, 이 곳은 하나님께서 임재하시는 곳(속죄소)이기도 하였습니다. 그리고 성경을 살펴보면 구약의 이스라엘 백성의 삶의 중심이 그에 있음을 알 수 있습니다.

하나님을 섬기고 제사를 드리도록 성막과 제사에 대하여 하나님께서 모세를 통해 정해 주셨습니다. 그러므로 그들은 번제, 소제, 화목제, 속건제, 속죄제 등 5대 제사를 성막과 성전에서 드리는 삶을 지켰습니다.

다음의 성막의 모양을 통해 속죄 제사의 의미를 알 수 있습니다.

〈성막의 모양〉

① 뜰문　② 성막울타리
③ 성막 뜰　④ 번제단
⑤ 물두멍　⑥ 성막문
⑦ 성막 및 덮개

성막 문으로 들어가면

먼저, 성막의 문을 들어서면, 놋 제단은 그리스도의 십자가의 모형입니다.

놋제단의 경우는 날마다 하나님의 제사장들이 계속해서 일을 보는 곳이었습니다. 말하자면, 이 제단은 성소에서 하나님을 섬기는 모든 봉사로 들어가는 입구와도 같다 할 수 있습니다. 성전이 있다 하더라도 제단이 없으면 하나님께 예배할 수가 없습니다. 곧 제단을 통한 예배가 성막과 성전의 예배의 시작이요 중심이라는 것입니다.

"제단"을 뜻하는 히브리어 단어가 '특별히 죽이는 장소'를 뜻합니다. 여기서 나타나는 중요한 사상은 사람이 하나님을 위하여 드리는 예배는 그 사람 자신은 물론 자기가 가진 모든 것을 하나님께 희생하여 드리며 구별하여 드리는데 있다는 것입니다. 제물을 드리는 사람은 자기의 죄를 속해 줄 희생제물을 그 제단에 가지고 오기도 하며, 또한 감사의 제물인 화목제물도 가져오는데, 특히 이는 사랑과 감사의 표현이요 또한 하나님과 더 가까운 교제를 가지며 하나님의 사랑을 충만히 누리고자 하는 바람의 표시입니다.

성막 가운데 지성소야말로 여러 가지 점에서 가장 중요한 것이었습니다. 거기에는 물론 금으로 만든 속죄소도 있었고, 하나님께서는 휘장으로 가려진 지성소 안에 있는 속죄소 위에서 자기의 영광을 드러내셨으므로, 속죄소는 성전의 다른 기구보다도 더 영광스러운 것이었습니다. 그러나 그것은 하늘의 하나님의 숨겨진 임재를 상징하는 것으로써 이스라엘 백성들의 눈에는 감추어져 있었습니다. 일 년에 단 한 차례만 대제사장만이 들어갈 수 있었습니다.

성막의 안 구조

그 다음의 물 두멍은 제사장이 번제를 드리고 성막에 들어가기 전에 손과 발을 씻는 곳입니다(출 30:17-21). 이 물두멍은 하나님의 말씀과 성령을 가리킵니다.

성막은 하나님의 임재를 상징하는 곳으로 가로 30규빗, 세로(높이) 10규빗의 크기로 되어있습니다. 그리고 성소 안에는 정금으로 만들어진 떡상, 금촛대, 향단이 있으며, 이는 그리스도의 예표입니다(출 25:23-40, 30:27).
- 떡상 - 생명의 떡 그리스도를 상징
- 금촛대 - 세상의 빛, 생명의 빛
- 향단 - 향기가 하늘로 올라가듯 제사장이 드리는 기도, 예수 그리스도의 기도

지성소란 "지극히 거룩한 곳"이라는 뜻입니다. 제단의 정사각형은 동서남북 온 세상을 말하며, 제단 위에서 죽은 염소는 십자가에서 죽으실 예수님을 가리킵니다. 피를 땅에 쏟고 또한 그릇에 담아 지성소에 들어간 대제사장은 부활하여 승천하신 예수님을 상징하고 있습니다. 예수님께서는 우리의 "죄를 정결케 하는 일을 하시고 높은 곳에 계신 위엄의 우편에"(히 1:3) 앉으셨습니다.

지성소의 법궤를 다른 말로 '증거궤', '언약궤', '법궤'로도 불려집니다. 이 법궤는 가시나무로 만들어졌습니다. 그리고 법궤 안에는 만나 항아리, 아론의 싹난 지팡이, 십계명이 적힌 돌판이 들어 있습니다. 그러나 솔로몬 성전

에 안치 될 무렵에는 두 돌비만 남았습니다(왕상 8:9).

그 속죄소 법궤의 윗부분 뚜껑은 정금으로 만들어졌고, 그룹의 천사가 내려다보는 모양이었습니다.

대제사장은 속죄소 앞에서 피를 일곱 번 뿌리는 행위는 그리스도의 보혈에 의해 하나님 앞에 나아갈 수 있다는 것을 예표하는 것입니다. 여기서 일곱 번은 완전한 속죄를 말하는 것입니다. 이는 그리스도께서 단번에 속죄를 완성하실 사실에 대한 예표입니다.

그러므로 오늘날 하나님의 자녀 된 성도들은 누구나 은혜의 보좌 앞에 담대히 나아갈 수 있습니다(히 4:16).

지성소의 속죄소(속죄제 결재를 받는 곳)

이스라엘 민족의 죄 값을 대신하여 번제단 위에서 죽은 염소의 피를 가지고 지성소에 들어감은 속죄제 결재를 받는 셈입니다. 이때 성도들은 성막 밖에서 종일 금식하며 기도합니다.

대제사장의 목에는 열두 지파의 이름을 기록한 판결흉패가 걸려 있고, 옷 가장자리에는 금방울이 달려 있습니다. 만약 방울 소리가 나지 않으면 하나님께서 속죄 제사를 거부함으로 대제사장이 죽었다는 것입니다.

반면, 안에서 계속 방울 소리가 나면, 대제사장이 하나님께서 임재하신 지성소에 들어가서 살아있다는 의미입니다. 또한 대제사장이 죄를 사하는 피를 뿌리며 기도하고 있다는 것은 하나님께서 그 속죄 제사를 받으셨다는 증거입니다. 즉 결재해 주셨음을 의미하는 것입니다.

그렇게 속죄 제사를 마치고 나면, 그 이후에 짓는 죄에 대해서는 이듬해 대속죄일에 또 그렇게 하는 것입니다.

대속죄일의 핵심 내용은 이렇습니다.
우리의 신앙은 날마다 뜰을 거쳐서 주님의 은혜를 입어, 영광의 안으로 들어가야 합니다. 예수 그리스도는 지금도 하늘 지성소에서 봉사하고 계십니다.
번제단에서 흘린 주님의 피는,
그 흘려진 피는 반드시 제사장의 봉사를 통해, 성소에 가지고 들어와서 뿌려진 피로 변해야 합니다.
즉 번제단에서 피가 흘린 것만으로는 속죄가 되지 않습니다. 반드시 성소에 들어와서 휘장 앞에서 피를 뿌려야 합니다. 1년 한 번 대속죄일을 통해 지성소 앞에 뿌려짐으로 온 회중의 모든 죄가 정결케 되고, 씻어져서 하나님의 영광 안으로 들어갔던 것처럼 절대 뜰의 봉사로 끝나서는 안 됩니다.
지금도 우리는 회개기도를 통해 영광으로 들어갈 수 있습니다.

다음은 〈실전 보혈기도〉입니다.

주님, 보혈이 주는 최고의 능력은, 구원의 축복임을 믿습니다.
대제사장이 속죄소 앞에서 일곱 번 뿌리듯이,
우리의 삶과 우리 앞 시간 위에 예수 그리스도의 피를 뿌립니다.
우리의 마음과 질병을 치유하는 역사를 일으킨다는 것입니다.
보혈은 마음의 평강은 물론이고 참 기쁨을 주는 능력이 있음을 말씀해 주셨습니다.
 예수님께서 십자가 위에서 흘리신 보혈은 우리 과거의 상처와 현재의 상처 그리고 미래의 질병을 치료하기 위함입니다.
아멘.

당신은 예수님께서 당신의 모든 질병을 치유하기 위해 십자가를 지셨음을 믿습니까?
현재도 주님의 보혈이 당신을 치유하실 수 있음을 믿고 있습니까?
예수님의 보혈은 당신의 마음과 육체를 치유하는 역사를 일으키십니다. 보혈 기도는 마음 안에 자리 잡은 쓴 뿌리와 미움과 분노에서 자유롭게 하며 실제로 용서할 때 역사가 일어납니다.

10장
피로 세운 언약

10장 피로 세운 언약

요일 1:7
그가 빛 가운데 계신 것 같이 우리도 빛 가운데 행하면 우리가 서로 사귐이 있고 그 아들 예수의 피가 우리를 모든 죄에서 깨끗하게 하실 것이요

어린 양의 피

현대의 사회에서 피를 사용하는 치료법을 보고자 합니다. "피"를 의약품으로 사용하는 것은 현대에만 있는 일이 아닙니다. 약 2000년 동안, 이집트와 그 밖의 여러 곳에서는 지금도 "사람의 피가 문둥병의 특효약"으로 간주되어지고 있습니다. 또한 로마 시대에도 "피"가 의약품으로 사용되기도 했습니다. 박물학자인 플리니우스(사도들과 동시대인)와 2세기의 의사인 아레타이우스는 사람의 피가 간질 치료약이었다고 말하고 있습니다.

1483년에 프랑스의 루이 11세가 사경을 헤매고 있었습니다. 날마다 병세가 악화되었으며, 아무리 특이한 성분의 약을 써도 아무 소용이 없었습니다. 그는 사람의 피가 특효가 있음을 들었고, 사람의 피로 병이 낫기를 간절히 바랬습니다. 그래서 몇몇 어린이들의 피를 취하여 마셨던 것입니다.

우리 몸 안에 있는 혈액은 물과 같이 신체의 각 부분에 영양소를 공급하며 나쁜 병균과 같은 것을 퇴치하기도 하고 정화시키기도 합니다. 알다시피 피는 우리 몸 전체에 산소를 운반해 주고 이산화탄소를 제거해 줍니다.

그런데 예수 그리스도의 피는 우리의 죄에서 해방케 하는 놀라운 힘을 가

지고 있습니다. 영적 생명과 능력의 은혜를 경험케 하십니다. 또한 사탄 마귀를 이기게 하는 힘을 가지고 있습니다.

마틴 루터가 종교개혁을 하던 어느 날 밤에 잠을 자다가 꿈에 사탄이 나타났습니다. 루터가 지은 모든 죄를 다 펼쳐 놓았습니다. "이게 다 너의 죄들이다. 맞지?", "맞다, 내가 지은 죄다."

사탄은 "이렇게 죄가 많은 사람이 종교개혁을 하고, 하나님의 사업을 한다고 하느냐? 그만 두고 집에 가서 쉬라."고 말했습니다.

그랬더니, 루터는 "그게 나의 죄 항목이 다냐?"고 물었습니다. 사탄이 말하기를 "이게 어떻게 죄가 다겠냐."고 하면서 죄로 가득한 두루마리를 또 가지고 왔는데 거기에도 루터의 죄가 가득했습니다. "이것도 너의 죄 맞지?" 자세히 보니까, 다 루터의 죄 항목들이었습니다. "그래 맞다."

루터는 사탄이 가리키고 있는 손을 가리키면서 말했습니다.

"네 손을 치우라." 사탄이 "난 못 치우겠다."

루터가 다시 말했습니다. "그 손을 치우라.", 이에 다시 사탄은 "못 치우겠다"고 말하였고, 둘은 신경전을 벌이게 되었습니다.

참다 못 한 루터가 말했습니다.

"내가 예수 그리스도의 피의 공로로 내가 명하노니,

네 손을 당장 치우라"

그러자 사탄이 손을 치우고 즉시 떠나갔다고 합니다.

루터는 이 말씀을 의지하여 그 종이 끝에 이렇게 적었다고 합니다.

"이 모든 죄들을 내가 인정하노라, 그러나 내가 예수 그리스도의 피로 모든 죄가 사해 되었음을 믿노라."

하나님의 아들 예수님의 피가 우리를 모든 죄에서 깨끗하게 하시겠다는 약속을 믿고 의지하여 사탄의 세력을 물리치시기를 바랍니다.

절망, 후회, 불안, 염려, 걱정, 근심이 일어날 때, 바로 그때가 어린 양의 피를 의지하여 다시 일어날 때입니다. 영적 전쟁에서, 선악의 대전투에서 승리할 수 있는 비결은 "어린 양의 피"를 의지하는 것입니다.

"어린 양의 피"를 바라보고 의지하여 해방되고 승리하시기를 주님의 이름으로 축복합니다.

보혈의 능력

예수 그리스도 보혈의 능력(The Power of the Blood of Jesus)에 대한 글이나 단어를 듣고 묵상하고 읽는다는 것은 큰 축복입니다. 십자가의 보혈은 아무리 많이 듣는다고 해도 결코 지나침이 없다는 것입니다. 왜냐하면 그리스도의 보혈을 체험하지 않고서는 하나님께 나아갈 자유도, 승리할 힘도, 하나님과의 교제도 있을 수가 없는 것입니다. 그리스도의 보혈이야말로 이 세상에서 가장 깊은 구속의 신비입니다. 강력한 능력이지요.

죄와 사망을 이기는 능력은 〈히브리서 13장 20절〉 "예수의 피이다"라고 사도바울은 말하고 있습니다.

그 피가 하늘에 들어갈 권리를 주는 것입니다. 그리스도의 피가 우리의 자랑의 전부가 되어야 합니다. 원자폭탄과 같은 무기입니다.

또한 마귀를 대적하는 강력한 무기는 〈요한계시록 12장 11절〉 "또 우리 형제들이 어린 양의 피와 자기들이 증언하는 말씀으로써 그를 이겼으니 그들은 죽기까지 자기들의 생명을 아끼지 아니하였도다"말씀처럼, 하나님의 말씀과 예수의 피만이 강력한 무기가 되는 것입니다. 마귀는 인간의 피를 무서워하지 않으나 예수의 피는 끔찍이도 싫어하고 무서워하고 그에게 뿌려질 때, 일곱 길로 도망치는 것입니다. 그리고 마귀의 최대 전략 중 하나가 예수 그리스도의 보혈의 능력을 깨닫지 못하게 하며 무디게 하는 것입니다.

그렇습니다. 혈액이 신체 각 부분에 영양소를 공급하고 나쁜 병균을 퇴치하듯 그리스도의 보혈은 우리를 깨끗하게 하는 능력을 지니고 있습니다. 그리고 축복의 능력을 갖고 있습니다.

그리스도의 보혈의 능력은 절대로 낡아지지 않고, 시들지 않는 영구한 신선함입니다. 또한 보혈은 영원하며, 항상 지속적입니다. 새롭고 독자적이며, 멸하지 않는 생명력을 소유합니다. 마르지 않은 영생의 강인 것입니다.

오직 피를 통해서만 우리는 "지성소"에 들어갈 수 있습니다.

다음의 〈요한계시록 12장 11절〉 말씀을 찾아 아래에 적어봅시다.

....

....

....

회개의 능력

보혈이 우리에게 임하기 위해선 회개가 이루어져야 합니다. 그리고 성령의 기름 부으심을 받기 위한 첫 단계는 회개의 과정입니다. 〈사도행전 2장

38절)의 말씀을 보겠습니다.

"베드로가 이르되 너희가 회개하여 각각 예수 그리스도의 이름으로 세례를 받고 죄 사함을 받으라 그리하면 성령의 선물을 받으리니"

오순절 사건 이후 예루살렘에서 베드로 사도가 믿지 않는 사람들에게 행한 놀라운 설교이기도 합니다.

베드로 사도가 말하는 회개란 무엇입니까?

제단 앞에서 눈물을 흘리거나, 잘못을 고백하는 것만이 아니라 회개는 매일 매일의 체험입니다. 순간순간 경험의 신앙을 말하는 것입니다. 즉 예수 그리스도의 보혈의 능력을 체험하는 것입니다. 주님의 보혈은 죄를 덮어주기 때문입니다. 즉 회개는 죄와 더 이상 상관하지 않을 때까지를 말합니다. 죄와 더러움이 도저히 내 곁으로 올 수 없거나 붙을 수 없는 상태까지를 말하는 것입니다.

〈잠언 28장 13절〉은 다음과 같이 말씀하시고 계십니다.

"자기의 죄를 숨기는 자는 형통하지 못하나 죄를 자복하고 버리는 자는 불쌍히 여김을 받으리라"

회개치 않는 사람은 하는 일마다 잘 되지 않을 것이고, 회개하는 사람은 하는 일마다 잘 된다는 것입니다. 자기의 죄를 자복하고 버리는 자는 하나님의 은혜가 임할 수 있는 통로가 열려지는 것입니다. 거룩함의 공간에 하나님의 영이 채워집니다.

성령의 기름 부으심으로 가는 첫 단계인 회개를 통해, 하나님 앞에 나아갈 수 있는 것입니다. 그리고 그 다음에 통과해야 할 것은 그리스도의 보혈의 언약 안에 들어가는 것입니다. 주님의 보혈은 모든 죄를 덮어 주기 때문입니다. 또 모든 사탄과 그의 졸개들로부터의 보호막이 되어 주기 때문에 주님이 계신 곳으로 나아갈 수 있습니다.

성경은 스가랴 선지자를 통해서 자녀들이 새 언약의 피인 그리스도의 보혈이 그들에게 자유함을 줄 것이라고 말씀하십니다.

다음 아래의 〈스가랴 9장 11절〉 말씀을 읽어봅시다.

"또 너로 말할진대 네 언약의 피로 말미암아 내가 네 갇힌 자들을 물 없는 구덩이에서 놓았나니"

이 말씀을 아래에 적으시고 묵상을 해야 합니다.

―――――――――――――――――――――――

―――――――――――――――――――――――

―――――――――――――――――――――――

위 말씀은 갇힌 자를 물 없는 구덩이로 부터 안전한 곳으로 이동시켜 주신다는 것입니다. 언약의 피로 말미암아 안전한 곳으로, 주님의 보호의 손이 있는 곳으로 이동시켜 주심을 믿으십시오.

그런데 이 사실을 몰라서 아직도 많은 사람들이 묶여 있습니다. 귀신들에 괴로움을 당하고 있거나, 질병에 눌리고 있습니다. 혼란이 평안을 파괴하고 있거나 아직도 포로로 사로잡혀 있다는 것입니다.

다음 〈에베소서 1장 7절〉 말씀을 보십시오.

"우리는 그리스도 안에서 그의 은혜의 풍성함을 따라 그의 피로 말미암아 속량 곧 죄 사함을 받았느니라"

우리는 이미 예수 그리스도의 피로 구속함을 받았다고 분명히 말씀하시고 계십니다. 우리에게 임하는 회개의 피는 우리 영을 새롭게 합니다. 매일 새 옷을 입는 것처럼 새 사람으로 다시 태어나게 합니다. 이미 당신은 회개의 과정으로 속량의 은혜를 받았습니다.

새로운 피의 언약으로 맺음

다음 피의 언약 사건의 〈창세기 17장 1-8절〉과 〈마태복음 26장 28절〉 말씀을 큰 소리로 읽도록 하겠습니다.

창 17:1-8
"아브람이 구십구 세 때에 여호와께서 아브람에게 나타나서 그에게 이르시되 나는 전능한 하나님이라 너는 내 앞에서 행하여 완전하라 내가 내 언약을 나와 너 사이에 두어 너를 크게 번성하게 하리라 하시니
아브람이 엎드렸더니 하나님이 또 그에게 말씀하여 이르시되
보라 내 언약이 너와 함께 있으니 너는 여러 민족의 아버지가 될지라
이제 후로는 네 이름을 아브람이라 하지 아니하고 아브라함이라 하리니 이는 내가 너를 여러 민족의 아버지가 되게 함이니라
내가 너로 심히 번성하게 하리니 내가 네게서 민족들이 나게 하며 왕들이 네게로부터 나오리라
내가 내 언약을 나와 너 및 네 대대 후손 사이에 세워서 영원한 언약을 삼고 너와 네 후손의 하나님이 되리라

내가 너와 네 후손에게 네가 거류하는 이 땅 곧 가나안 온 땅을 주어 영원한 기업이 되게 하고 나는 그들의 하나님이 되리라"

마 26:28
"이것은 죄 사함을 얻게 하려고 많은 사람을 위하여 흘리는 바 나의 피 곧 언약의 피니라"

다음으로 〈히브리서 9장 14절〉 말씀을 보겠습니다.
"하물며 영원하신 성령으로 말미암아 흠 없는 자기를 하나님께 드린 그리스도의 피가 어찌 너희 양심으로 죽은 행실에서 깨끗하게 하고 살아계신 하나님을 섬기게 못하겠느뇨"
이는 피가 우리를 깨끗하게 하고, 살아계신 하나님을 섬길 수 있게 해주는 능력을 갖고 있음을 말씀하고 있습니다. 보혈의 능력은 우리의 연약함을 강하게 하시는 능력을 갖고 계십니다. 또 성령께서는 그 보혈 안에서 역사하십니다.

구약시대에는 하나님과 언약을 맺기 위해서는 반드시 짐승의 제사를 드려야만 했습니다. 하나님은 아브라함을 시험하시기 위하여 사랑하는 독자 이삭을 데리고 모리아 땅에 가서 번제를 드리라고 말씀하십니다. 아브라함의 믿음을 보시고 이삭 대신 하나님은 숫양을 준비하여 새로운 언약의 제사를 드리게 하셨습니다.
이렇듯 하나님께 드리는 제사는 반드시 짐승의 피 흘림이 있어야만 되었습니다. 그러나 시간이 지나고 하나님은 인간과 새로운 언약을 맺으십니다.

그 새로운 언약을 맺기 위해서 하나님께서는 짐승의 피가 아닌 예수님을 갈보리 십자가 위에 못 박혀 몸을 찢기게 하시고 피 흘려 죽는 희생이 필요했습니다. 이 피 흘림의 제사를 통해서 인간과 하나님과 새로운 언약을 맺게 된 것입니다.

새로운 언약의 조건은 누구든지 예수님의 보혈을 믿으면 멸망하지 않고 영원한 영생을 얻는다는 것입니다. 이것이 예수님이 갈보리 십자가에서 맺은 피의 언약입니다. 남녀노소, 빈부귀천 할 것 없이 일찍 믿었든 늦게 믿었든 예수를 믿기만 하면 구원을 얻는다는 것입니다. 그러나 거부하면 심판을 받으며 그 결과 지옥의 불구덩이에 떨어집니다.

다음은 〈요한계시록 21장 8절〉의 말씀입니다.

"그러나 두려워하는 자들과 믿지 아니하는 자들과 흉악한 자들과 살인자들과 음행하는 자들과 점술가들과 우상 숭배자들과 거짓말하는 모든 자들은 불과 유황으로 타는 못에 던져지리니 이것이 둘째 사망이라"

피 언약을 신성시여기고 소중히 여길 때, 피 언약이 나를 위한 개인적인 사건으로 인정할 때, 하나님께서는 우리를 소중히 여기시는 것입니다. 이스라엘 백성들은 심지어는 이 언약이 기록된 언약서 까지도 신성시 여기었습니다.

왜 하나님께서 이스라엘 백성들을 보호하시고 그 필요를 채워주셨을까요?

그들은 바로 하나님과 언약을 맺은 백성들이었기 때문입니다.

왜 우리가 축복을 받고 구원 받았을까요?

예수의 피 언약이 있었기 때문입니다.

예수님께서 십자가에서 흘리신 피로 말미암아 이스라엘 백성들 곧 유대인과 이방사람들이 하나가 되었습니다. 예수님께서 이들 사이에서 막혔던 담을 허셨습니다. 하나님과 화목하게 하셨습니다. 십자가의 보혈의 피로 저주와 악을 소멸시켰습니다(엡 2:13-14,16).

마찬가지로 우리의 저주와 죄도 소멸되었습니다. 이 모두가 예수님의 피 언약으로 가능했던 것입니다.

하나님과 사람 사이에 그리고 사람과 사람 사이에, 우리와 하나님 사이에, 놓여진 분열과 미움의 담을 모두 허셨습니다. 사망의 권세들을 멸하셨습니다. 죄의 원수를 십자가로 소멸하셨습니다. 그리고 질병과 가난의 담도 허셨습니다. 갖가지 문제들을 다 그리스도의 보혈로 허셨습니다.

예수의 피의 언약으로 우리는 천국 시민이 되었고 천국에 갈 수 있는 승차권을 얻었습니다.

피 언약 맺음의 사건

먼저, 〈창세기 8장 20절〉 "노아가 여호와께 제단을 쌓고 모든 정결한 짐승과 모든 정결한 새 중에서 제물을 취하여 번제로 제단에 드렸더니"입니다, 노아가 방주에서 나와서 맨 처음 한 일은 하나님과 피 언약을 맺는 일이었습니다. 정결한 제물을 번제로 드렸습니다.

다음은 하나님과 아브라함의 백성들과의 피 언약입니다.
〈창세기 17장 10절〉 "너희 중 남자는 다 할례를 받으라 이것이 나와 너희

와 너희 후손 사이에 지킬 내 언약이니라." 여기 할례는 남자 아이가 태어난지 8일 만에 생식기 끝의 껍질을 끊어내는 의식이었습니다. 이는 너희가 하나님의 백성임을 표시하는 언약인 것입니다.

하나님과 아브라함과 맺은 언약의 결과들입니다.
〈창세기 17장 1-2절〉 "아브람이 구십구 세 때에 여호와께서 아브람에게 나타나서 그에게 이르시되 나는 전능한 하나님이라 너는 내 앞에서 행하여 완전하라. 내가 내 언약을 나와 너 사이에 두어 너를 크게 번성하게 하리라 하시니" 에 기록된 것 중 가장 위대한 피 언약을 바로 하나님께서 아브라함과 맺으신 피의 언약입니다.

하나님과 맺은 피 언약이 아브라함의 삶을 완전히 변화시킨 것입니다. 그리고 아브라함에게 후손에게조차 자자손손 번성케 하겠다고 약속하셨습니다. 그리고 〈창세기 17장 6-7절〉의 말씀을 보십시오.
"내가 너로 심히 번성하게 하리니 내가 네게서 민족들이 나게 하며 왕들이 네게로부터 나오리라
내가 내 언약을 나와 너 및 네 대대 후손 사이에 세워서 영원한 언약을 삼고 너와 네 후손의 하나님이 되리라"

하나님과 모세의 민족과 맺은 피의 언약입니다. 〈출애굽기 24장 8절〉에서는 모세가 하나님으로부터 십계명을 받은 후 백성들을 모아 놓고 어린 소를 잡아서 하나님께 번제와 화목제를 드렸습니다.
"모세가 그 피를 가지고 백성에게 뿌리며 이르되 이는 여호와께서 이 모

든 말씀에 대하여 너희와 세우신 언약의 피니라"

이처럼 예수님과 피로 언약을 맺으면 대대 후손이 잘 되는 형통의 복이 임한다는 것을 잊지 마시고 보혈의 힘을 의지함으로, 하나님과 진한 피의 언약을 맺으시기 바랍니다. 무엇보다도 가장 중요한 것은 이 언약이 피를 삶의 중심 증표를 삼았다고 하는 사실입니다(창 17:10-11).

다음의 말씀을 찾아서 먼저 묵상하시고 아래에 적어봅시다. 실질적으로 말씀을 암송하시어 선포하시고 삶에 적용합시다.

창 8장 20절
노아가 여호와께 제단을 쌓고 모든 정결한 짐승과 모든 정결한 새 중에서 제물을 취하여 번제로 제단에 드렸더니

창 17장 10절
너희 중 남자는 다 할례를 받으라 이것이 나와 너희와 너희 후손 사이에 지킬 내 언약이니라.

출 24장 8절

창 17장 6-7절

11장

보혈의 표를 지니고 있는가

11장 보혈의 표를 지니고 있는가

출 12:13
내가 애굽 땅을 칠 때에 그 피가 너희가 사는 집에 있어서 너희를 위하여 표적이 될지라 내가 피를 볼 때에 너희를 넘어가리니 재앙이 너희에게 내려 멸하지 아니하리라

보혈 밑에

그저 보혈의 표를 갖고 단순한 믿음으로 주님을 신뢰하면서 악한 세력을 대적하십시오. 그것만으로도 충분합니다. 보혈은 단순하지만 그 결과는 아주 놀라운 은총으로 당신과 함께 할 것입니다. 할렐루야!

십자가의 의미를 더욱 깊이 깨달아서 그 십자가를 택하여 그것을 든든히 붙잡고 의지할 때에, 성령으로 말미암아 십자가에서 생명의 능력이 솟아 나와서 그것이 우리를 든든히 붙잡아 주는 것입니다.

폴란드를 침공함으로 제2차 세계대전을 일으켰던 히틀러. 그의 치하의 나치 정권은 유럽의 유대인들 가운데 600만 명을 죽였습니다. 구소련의 독재자 스탈린은 3백 명의 자국민과 유대인을 죽였습니다. 우간다의 이디 아민은 자국의 그리스도인들 50만 명을 죽였습니다. 그리고 이라크의 사담 후세인도 많은 국민들을 죽였습니다. 또한 2001년 9월 11일 미국의 세계 무역센터 테러로 많은 사람들이 죽었습니다.

이러한 테러를 저지른 테러분자들은 거짓 종교에 속아 광적으로 흥분한 나머지 선한 사람들을 죽였습니다. 이들은 세상의 사람들이 원수입니다. 그

이유는 거짓 종교의 배후에 있는 사탄과 그의 졸개들의 영향 아래에 있기 때문입니다. 즉 그들의 종교 배후에 있는 사탄의 지배를 받았기 때문입니다.

산에서 불이 나 엄청난 기세로 산불이 번져갈 때 가장 안전한 장소는 이미 불이 타고 지나간 자리이듯이, 심판 날에 가장 안전한 장소는 심판이 이미 지나간 장소인 십자가 밑이라는 것입니다. 즉 유월절 날 어린 양을 잡아 피를 인방과 문설주에 바른 것처럼 보혈이 묻어 있는 믿음의 십자가를 말하는 것입니다.

예수 그리스도의 십자가 "보혈 밑에"있을 때에는 사탄의 정죄와 능력은 그 힘을 잃게 됩니다. 또한 사탄의 공격과 악한 영들의 술책에 피할 수 있는 유일하고 안전한 곳도 오직 예수 그리스도의 "보혈 밑"입니다.

그렇습니다. 나의 삶에서 힘들고 어려울 때 피할 곳은 어딘가요?
지치고 무기력할 때 가장 안전한 곳이 어딜까요?
바로 십자가 밑으로 피하는 것입니다. 예수 그리스도를 의지하여 예배를 드리고 기도하며 찬양을 부르는 곳이 가장 안전한 장소입니다.
오늘날 대적 사탄의 배후를 받는 존재들이 활개를 치고 있습니다. 지금도 악한 사탄과 그의 졸개들이 바쁘게 활동하고 있는 시대입니다. 그럴수록 더욱 우리는 보혈을 의지하고 호소하고 선포해야 할 것입니다.
기독교의 핵심은 십자가 사건과 부활입니다. 죽음의 권세를 이긴 부활의 신앙, 이것이 십자가의 능력입니다. 그 십자가 밑으로 피하는 것이 가장 안전한 장소임을 잊지 마시고 그 보혈 밑에서 주님의 은혜를 누리시기 바랍니다.

니다.

그리스도의 피로 산 것입니다.

① 대가를 지불하고 산 것입니다(행 20:28).

② 영원히 산 것입니다(롬 14:8).

③ 율법의 저주에서 완전히 해방되었습니다(롬 8:1-2).

구원 열차의 승차권

우리가 지하철이나 고속버스를 타기 위해서는 반드시 무엇이 있어야 하지요? 승차표가 있어야 합니다. 표를 사고 열차에 오를 때 승무원이 표를 달라고 요구합니다. 그때 표를 꺼내 승무원에게 보여 줍니다. 이 때 승무원은 그 사람이 배운 사람인지 배우지 못한 사람인지, 큰 인물인지 보잘것없는 사람인지, 부자인지 가난한지 어떤 사람인지는 보지 않으며 다만 승차표만 볼 뿐입니다. 표만 있으면 의젓하게 앉아서 당당하게 차 안의 모든 조건을 누릴 수 있으며 목적지까지 안전하게 갈 수 있습니다.

이는 구원받은 그리스도인들에게도 똑같이 적용됩니다. 그 사람의 신분에 상관없이 승차권의 유무로 그리스도인으로서의 특권을 누릴 수 있으며 천국이라는 목적지까지 안전하게 갈 수 있습니다.

지금 구원 열차의 승차권을 소유하여 귀하게 지니고 있습니까?

그렇다면 안전합니다. 목적지까지 안전하게 갈 수 있습니다.

이처럼 주님께서 우리에게 구원과 복을 주실 때, 다른 어떠한 조건들이 필요한 것이 아니라 오직 예수 그리스도의 보혈을 의지한 자에게만 주어진다는 것입니다. 이것이 승차권입니다.

  종종 나를 놀라게 하는 것은 많은 사람들이 십자가의 보혈을 경험하지 않은 채, 성령충만과 능력만을 사모하거나 요구한다는 것입니다. 진정한 성령충만함과 주님의 능력을 경험하기 위해서는 반드시 십자가의 보혈 승차권을 소유해야 합니다. 그래서 구원 열차에 올라타야 합니다.

  어린이 찬양을 보면 '구원열차'라는 찬양이 있는데 그 가사를 보면 이렇습니다.

> 나는 구원 열차 올라타고서 하늘나라 가지요.
> 죄악 역 벗어나 달려 나가다 다시 내리지 않죠,
> 차표 필요 없어요, 주님 차장되시니 나는 염려 없어요.
> 나는 구원 열차 올라타고서 하늘나라 가지요.

더 좋은 언약의 표

창 15:16-18
네 자손은 사대 만에 이 땅으로 돌아오리니 이는 아모리 족속의 죄악이 아직 가득 차지 아니함이니라 하시더니
해가 져서 어두울 때에 연기 나는 화로가 보이며 타는 횃불이 쪼갠 고기 사이로 지나더라
그 날에 여호와께서 아브람과 더불어 언약을 세워 이르시되 내가 이 땅을 애굽 강에서부터 그 큰 강 유브라데까지 네 자손에게 주노니

66권 성경에는 구약과 신약이 있는데, 39권 구약은 옛 언약이고 27권 신약은 새 언약입니다. 구약의 언약은 이스라엘 백성과 하나님 사이에 짐승의 피에 근거한 언약이었습니다. 이는 불완전한 언약으로서 죄를 지을 때마다 대신 죄를 전가해 줄 짐승의 피를 매번 흘려야만 했습니다. 반면에 신약의 언약은 〈히브리서 8장 6절〉 "그러나 이제 그는 더 아름다운 직분을 얻으셨으니 그는 더 좋은 약속으로 세우신 더 좋은 언약의 중보자시라"에서 사도 바울이 언급하고 있듯이 단번에 이루어진 "더 좋은 언약"이었습니다.

신약의 언약은 짐승의 피가 아닌 예수 그리스도의 보혈에 의한 한 번에, 단 한 번에 모든 인류의 죄를 사해주시는 영원하고 완전한 언약이었습니다. 이것이 구약과 신약의 큰 차이가 됩니다. 그러나 공통점은 피에 근거한 언약이었다는 것입니다. 구약 성경에서 "언약"의 원어적 의미를 보면 '짐승을 쪼개다. 피가 나올 때까지 베다'는 뜻을 가지고 있으며 신약에서는 "율법을 따라 거의 모든 물건이 피로써 정결하게 되나니 피흘림이 없은즉 사함이 없느니라"(히 9:22)고 말합니다.

창세기 15장에 보면, 하나님께서는 아브라함에게 나타나셔서 그와 언약을 맺으셨습니다. 아브라함이 짐승들을 반으로 갈라놓아 피가 흥건하게 고여 있던 중간의 길, 즉 피의 길을 지나가심으로 하나님께서는 아브라함과 피의 언약을 맺으셨습니다(창 15:10,11). 이 피의 언약을 통해 전능하신 하나님께서는 생명을 걸고 아브라함을 지키고 보호하겠다는 약속을 하고 계시는 것입니다.

신약시대 이후의 성도들은 예수 그리스도의 십자가의 보혈을 믿음으로 인해, 예수님을 영접함으로써 하나님과 피의 언약을 맺게 됩니다. 이때 영적인 피의 능력이 임하게 됩니다. 보혈이 뿌려지게 되는 것입니다. 그래서 베드로 사도는 〈베드로전서 1장 2절〉에서 신자들을 "예수 그리스도의 피 뿌림을 얻기 위하여 택하심을 받은 자"라고 말하고 있습니다. 단번에 십자가의 예수님을 영접함으로 피의 언약을 맺게 되는 것입니다.

이 피로 맺은 언약은 영원히 변치 않은 언약이 됩니다. 이는 성도가 하나님의 자녀가 되었다는 표시이기도 합니다. 이때부터 악한 영의 공격으로부터 보호를 받게 됩니다. 전지전능의 하나님은 생명을 걸고 신실하게 약속을 지키십니다. 그러므로 마지막 때에 받을 고난과 핍박 중에서도 하나님께서는 우리를 신실하게 보호하시고 마침내 승리하게 하실 것입니다(히 13:5b).

이제 우리가 하나님과 피의 언약을 맺은 백성이며 하나님의 자녀임을 인정하고 그분께 순종하는 삶을 살겠다고 결단해야 합니다. 이것이 피로 언약을 맺은 성도가 해야 할 의무입니다. 그리고 하나님의 자녀로서 누릴 모든 은혜와 특권입니다.

예수 그리스도의 십자가 보혈을 믿음으로 영원하고 완전한 언약을 맺은 백성이 되었습니다. 보혈을 영접함으로 피의 능력이 내 안으로 들어왔을 뿐 아니라 예수님의 보혈이 나의 온 몸에 뿌려지게 됩니다. 그러므로 전지전능하신 하나님의 보호와 안전 그리고 은혜를 풍성하게 누리게 됩니다.

예수님의 보혈로 맺어진 언약을 허락하신 주님께 감사합시다.
하나님께서는 이 언약에 근거하여 우리를 자녀로 삼아 주시고 악한 권세들로부터 보호해 주십니다.

우리 하나님의 품 안에 있게 됨을 감사하며 찬양드립시다.
더 나아가 보혈의 능력을 경험하기 위해 기도합시다.

내가 피를 볼 때에...

출 12:13
내가 애굽 땅을 칠 때에 그 피가 너희가 사는 집에 있어서 너희를 위하여 표적이 될지라 내가 피를 볼 때에 너희를 넘어가리니 재앙이 너희에게 내려 멸하지 아니하리라

어떤 시대이든 보혈에 의한 구원의 중요성을 가르치고 전파해야합니다. 구원을 가져다주는 것은 바로 그 예수 그리스도의 보혈이기 때문입니다. 지금도 순간순간 하나님은 말씀하십니다.
"내가 피를 볼 때 너를 넘어 가리라. 그 피가 너에게 표가 되리라!"
그 말씀을 생생하게 받은 저는 여러분들에게 묻습니다.
"그 표를 갖고 계십니까?"
"그 피가 있습니까?"
"그 소중한 어린 양의 보혈 아래로 피하셨습니까?"
"보혈의 피를 문설주와 인방에 바른 그 증표가 있나요?"
"언제든 구원의 열차를 탈 수 있는 표를 확실히 가지고 계십니까?"

바로 이것이 우리의 인생에서 가장 중요한 질문입니다. 만일 여러분이 예수 그리스도의 보혈 아래 있다면 세상에 있는 그 누구보다 안전한 상태에 있다는 것을 의미합니다. 그것이 바로 보혈의 공로이고 보혈의 능력입니다. 주님이 자신의 죽음으로 사주었기 때문입니다.

이 값진 은혜는 우리의 행위로 얻어진 것이 아닙니다. 행위는 우리를 사망의 저주에서 구원해 주지 못하며 악한 사탄의 유혹과 공격으로부터 보호해 주지 못합니다. 이는 주님이 자신의 죽음으로 사신 것입니다. 즉 피 값으로 사신 것입니다. 그러므로 우리는 그 피를 믿음으로 그 분의 보혈 아래로 피해야 합니다. 행위 이전에 우리가 십자가 아래 있다는 것을 알아야 합니다. 먼저 안전히 구원을 얻은 이후에, 행위에 대해서 말할 수 있을 것입니다.

하나님은 여전히 저에게 생생하게 말씀하십니다.
"내가 피를 볼 때 너를 넘어 가리라. 그 피가 너에게 표가 되리라"

요즘에도 시골에 가보면 집집마다 부적을 방문마다 그리고 부엌 위쪽에 붙여 놓은 것을 쉽게 볼 수 있습니다. 부적이 들어 있는 베개를 베고 자면 좋다고 그것을 베고 자는 경우도 보았습니다. 또 복이 들어온다고 해서 지갑에 부적을 지니고 다니는 사람도 많이 있습니다.

이런 행위는 어떤 축복으로도 이어지지 않습니다. 오직 어린 양의 피만이 우리를 보호하시며 진정한 축복의 길로 이끄십니다.

유월절 날 이스라엘 백성들은 집에 죽음의 천사가 들어가서 그 장자를 살해하는 일이 없도록 문설주와 좌우인방에 양의 피를 발라 표시를 해두어야 했습니다. 그럴 때 그들은 무시무시한 장자의 죽음 재앙을 피할 수 있었습니다. 그 양의 피가 바로 예수님의 보혈을 예표하는 것입니다.

"내가 피를 볼 때에 너희를 넘어가리라."

오늘 날도 내가 피를 볼 때에, 그 피로 말미암아 위험을 피합니다.

예전 이스라엘 백성의 유월절은, 하나님의 무시무시한 형벌이었습니다(살후 1:8). 무서운 심판을 선언한 것입니다. 그 누구도 예외 없이 모두에게 임하였던 것입니다. 그 피로 말미암아 구원의 효력이 발생했습니다.

예수께서 스스로 자신의 죽음이 되었습니다. 그가 나의 죄를 지셨습니다. 그 피는 새 삶의 시작입니다. 완전한 구속의 보증입니다. 그 피로 말미암아 복을 얻습니다. 그래서 각 가정의 문설주와 인방에 주님의 피를 바른 모든 사람들에게 하나님께서는 보호의 약속을 주셨습니다.

여기서 우리는 완벽한 안전과 은혜는 바로 하나님께 있음을 알 수 있습니다.

보혈의 능력은 복을 가져다줍니다. 참된 행복과 기쁨을 제공해 줍니다. 그뿐만 아니라 온전하고 완전한 보호의 약속입니다.

지금 여러분의 삶의 현장에, 그리고 가정과 자녀들의 삶에 확고한 피를 바른 표시가 있습니까?

주님께서는 보혈의 표를 보고 넘어가십니다.

대신 죽으심

갈 2:19

내가 율법으로 말미암아 율법을 향하여 죽었나니 이는 하나님을 향

하여 살려 함이니라

오래 전에, 미국 서부시대 캘리포니아에 황금 노다지 열풍이 분 적이 있었습니다.

사람들이 홍수처럼 그 곳으로 몰려들었습니다. 어떤 젊은 사람이 아내와 어린 아들을 두고 캘리포니아로 왔습니다. 그는 아내에게 사업에서 성공하면 즉시 가족을 그 곳으로 데려 오겠다고 약속했습니다. 오랜 시간이 흐른 후 남편에게서 편지가 왔습니다. 아내와 아들은 기쁨으로 그 편지를 받았습니다. "사랑하는 아내여, 자녀들을 데리고 속히 오시기를 바랍니다...."

그리고 아내는 아들을 데리고 뉴욕으로 가서 아름다운 태평양 증기선에 승선했습니다. 그들은 오랜만에 바다를 구경했습니다.

항해를 시작한지 며칠 후, 그날은 모든 것이 평온해 보였고 고요해서 아름답기만 했습니다. 그런데 갑자기 어디선가 "불이야! 불이야!"라는 다급한 외침이 들려왔습니다. 소방 장비들이 바로 가동되었지만 불은 계속해서 빠르게 번져 나갔습니다. 배 위에는 화약고가 있었습니다. 선장은 불이 그 곳에 옮겨 붙는 순간 모든 것이 끝장이라는 사실을 알았습니다. 구조선들이 내려졌고 승객들 중 가장 힘센 사람들과 승무원들이 남은 승객들을 버려 둔 채 몇 척의 구조선으로 잽싸게 올라탔습니다. 마지막 구조선이 내려지고 있었습니다. 그 어머니는 승무원에게 자신과 아들을 태워 달라고 부탁했습니다. 그러나 그는 거절했습니다. 그녀는 다시 간청했습니다. 결국 승무원은 둘 중 한 명만 태워 주겠다고 약속했습니다.

여러분은 그녀가 어떻게 했을 거라고 생각하십니까?

자신이 구조선으로 뛰어들고 아이를 죽게 내버려 두었겠습니까?

아닙니다. 그녀는 그렇게 하지 않았습니다. 그 어머니는 사랑하는 아들을 꼭 껴안았습니다. 그리고 그녀는 그 아이를 잠시 동안 가슴에 소중히 품고 있다가 승무원에게 넘겨주었습니다.

그녀는 아들에게 이렇게 말했습니다.

"내 아들아! 만일 네가 살아서 아빠를 만나거든 아빠에게 내가 너 대신 죽었다고 말해 주렴!" 어머니가 말을 마친 뒤 아들만을 태운 구조선은 떠났습니다. 잠시 후, 그 증기선은 폭발했고 그 어머니는 죽었습니다.

이처럼 예수 그리스도께서 우리를 위해 대신 죽으셨습니다.

그리고 주님께서는 우리를 위해 그 이상의 일도 하셨습니다. 주님은 자신의 영광을 버리시고 수치를 참으셨습니다. 즉, 우리가 연약할 때, 그 분이 우리를 위해 죽으셨습니다. 단지 자신의 친구들만을 위해서 죽으신 것이 아닙니다. 원수를 위해서도 역시 죽으셨습니다. 그러므로 우리는 지금 그 분께 나아가서 순종하며 헌신하겠다고 결단할 수 있습니다.

예수님이 대신 죽어 주셨으니 성도는 죽음이 가둘 수가 없어서 부활을 하게 되는 겁니다. 부디 그리스도와 함께 부활하기 위해 부활을 위하여 날마다 죽으시기 바랍니다.

우리 함께 기도합시다.

하나님 아버지! 보혈이 기적임을 믿습니다.
존귀하신 예수님이 이 땅에 비천한 모습으로 오셔서 십자가에 죽으신 것은 우리를 대신하여 죽음을 맛보신 것임을 알았습니다.

예수님의 십자가에 죽으심이 헛되지 않게 하기 위하여 우리도 날마다 예수님과 함께 십자가에 죽고 다시 살아나는 삶을 살게 도와주시옵소서.
예수님의 이름으로 기도하옵나이다.
아멘.

제단의 위에서 드리는 영적예배

출 29:37
너는 이레 동안 제단을 위하여 속죄하여 거룩하게 하라 그리하면 지극히 거룩한 제단이 되리니 제단에 접촉하는 모든 것이 거룩하리라

제단은 피로써 거룩해지는 강력한 능력이 있고 동시에 그 제단과 접촉하는 모든 것을 거룩하게 만드는 능력이 됩니다(출 29:37). 제단은 대단히 위력적입니다. 그렇다면 오늘을 사는 우리들은 무엇을 제단 위에 올려놓아야 할까요?

이에 대한 해답을 사도 바울이 쓴 〈로마서 12장 1절〉에서 찾을 수 있습니다. "그러므로 형제들아 내가 하나님의 모든 자비하심으로 너희를 권하노니 너희 몸을 하나님이 기뻐하시는 거룩한 산 제물로 드리라 이는 너희가 드릴 영적 예배니라"

그리스도께서는 자신의 몸을 제단 위에 올려놓으셨습니다. 그리하여 우

리의 죄를 모두 담당하셨습니다. 그렇다면 우리는 무엇을 제단 위에 올려놓아야 합니까? 바로 우리의 영적 몸입니다. 그럼 영적 몸을 제단위에 어떻게 올릴 수 있는지 살펴봅시다. 몸에는 여러 지체들이 있고, 또 여러 가지 기능들이 하나로 연합되어 있습니다. 그 중 몸에는 머리가 있습니다. 이것은 나의 이성과 생각 전체를 말하는 것입니다. 우선 나의 머리를 제단 위에 올려놓아야 합니다. 그것을 전적으로 하나님의 통치와 지시 아래 놓아두고 하나님께서 사용하시도록 해야 합니다(고후 10:5).

머리에는 또한 눈, 입, 귀 등 여러 지체들이 있습니다.
눈을 통해서는 가시적인 세상과 또한 그 정욕과 접촉합니다. 그러므로 눈을 허망한 것들에게서 돌이켜 전적으로 하나님의 것이 되게 하고, 하나님의 뜻에 따라서 보거나 보지 않거나 하도록 해야 합니다.
귀를 통해서는 동료 사람들과 교제 속으로 들어갑니다. 귀 역시 하나님께 거룩하게 구별하여서 내 육체를 기쁘게 하는 언어나 듣지 말아야할 대화를 듣지 않도록 하며 주께서 내게 보내시는 음성을 주의 깊게 듣도록 해야 합니다.
입을 통해서는 내 속에 있는 것을, 내가 생각하고 구하고 뜻하는 바를 드러냅니다. 그리고 입을 통해서 다른 이들에게 영향력을 행사합니다. 그러므로 입과 혀와 입술을 하나님께 드려서 하나님이 뜻에 합당한 것과 하나님께 영광이 되는 것 이외에는 말하지 않도록 하여야 합니다.
즉 그리스도의 피가 제단을 거룩하게 하고, 그 제단을 "지성소"로 만들어 놓습니다. 또한 그 제단에 접촉하는 모든 것이 거룩하게 됩니다. 우리의 눈과 귀와 입과 두뇌와 거기에 속한 모든 것을 제단 위에 올려놓아야 합니다.

날마다 십자가에서 흘리신 보혈로 말미암아 정결케 되고 거룩하게 되도록 해야 하는 것입니다.

몸에는 또한 손과 발도 있습니다. 손은 일을 하는 능력을 대표합니다. 나의 직업 과 사업, 봉사와 소유들을 모두 제단 위에 올려놓아서 죄에서 정결케 되고 하나님께 거룩하게 드려지도록 해야 합니다.

나의 발은 나의 길과 나의 삶을 대표합니다. 내가 택하는 길, 내가 가꾸어 가는 친구 관계, 내가 방문하는 곳들이 다 여기에 속합니다. 제단으로 말미암아 거룩해진 발은 자기 자신의 길을 갈 수가 없습니다. 하나님께 드려진 바 되었으니 전적으로 그의 인도하심을 따라야 하고, 그를 섬기도록 차비를 갖추고 있어야 합니다. 그리고 복음을 전하는 발이 되어야 합니다. 슬퍼하는 자들과 잃어버린 자들을 돕는 "아름다운" 발이 되어야 마땅합니다.

내 몸 안에는 마음도 있습니다. 그 마음은 생명의 중심입니다. 하나님의 영이 거하는 장소이기도 합니다. 사람의 온갖 욕심과 열심이, 사람이 뜻하고 선택하는 모든 것들이, 사랑과 미움이 만나는 장소입니다. 마음에서 나오고 들어가는 모든 것이 제단 위에 올려놓아져야 합니다. 정욕을, 미워하는 마음을, 나의 권리를, 나의 의지(意志)를, 십자가 위에 올려놓아야 할 것입니다.

이제 날마다 제단 위로 올라가기를 원하십니까?

절대로 그 길은 어려운 길이 아닙니다. 제단 위로 올라가서 거기서 죽어서 다시 살게 되기를 원하시기를 바랍니다. 보혈의 놀라운 능력을 믿으십시오. 그 피가 죄를 정복했고, "지성소"로 들어가는 길을 활짝 열어 놓았습니다. 지성소에, 하나님 앞에 뿌려져서 하나님의 보좌를 은혜의 보좌로 만들어 놓았습니다.

지금 우리가 거하는 곳이 "지성소"입니다. 자신을 헌신의 제단 위에 올려 놓으십시오. 부정함, 연약함.., 그 제단이야말로 하나님의 복되신 임재의 장소입니다.

우리는 제단에 무엇을 가장 먼저 올려놓아야 할까요?

우리의 머리입니다. 머리는 온 몸을 통제하는 곳이기 때문입니다. 그러므로 나의 머리가 온전히 하나님의 통치하에 다스려지는 은혜가 되어야 합니다.

나의 눈과 귀, 입을 제단에 올려놓습니다. 우리는 순간순간 눈, 귀, 입을 제단에 드려 거룩한 지체가 되어야 합니다. 나의 온 몸에 가장 영향력을 주는 역할을 하기 때문입니다.

우리의 손과 발 그리고 마음을 제단에 올려놓아야 합니다. 그래서 주님의 능력으로 힘입어 새로운 지체가 되어야 합니다. 맡겨진 일들을 감당할 수 있는 역할을 감당해야 합니다.

다음의 〈로마서 12장 1절〉말씀을 묵상하시고 아래에 적어봅시다.

롬 12:1
그러므로 형제들아 내가 하나님의 모든 자비하심으로 너희를 권하노니 너희 몸을 하나님이 기뻐하시는 거룩한 산 제물로 드리라 이는 너희가 드릴 영적 예배니라

_____
_____
_____

다음은 <보혈기도>입니다.

예수님의 보혈의 능력으로 사탄아,
너를 <에베소서 6장 12절>에 따라 묶고서
이 문제에 대해 너의 권세를 깨뜨리노니
지금 당장 떠날지어다.

나는 예수님이 하나님의 아들이시며
나의 죄의 사면을 위해 십자가에서
그의 피를 흘리신 것을 믿습니다.

나는 지금부터 영원까지 성부, 성자 그리고 성령, 당신을 찬양합니다.
아멘.

12장

보혈이 가져다 주는 구원의 축복

12장 보혈이 가져다 주는 구원의 축복

고전 10:16
우리가 축복 하는 바 축복의 잔은 그리스도의 피에 참여함이 아니며 우리가 떼는 떡은 그리스도의 몸에 참여함이 아니냐.

십자가의 승리

서양 속담에 보면 "NO Cross NO Crown"이라는 말이 있습니다. 이 말은 '십자가 없이는 면류관도 없다'는 뜻입니다. 주님은 제자들에게 이렇게 말씀 하십니다. "누구든지 자기 십자가를 지고 나를 좇지 않는 자도 능히 나의 제자가 되지 못하리라"(눅 14:27).

예수님의 공생애 활동이 끝나고 마지막 제자 사도 요한까지 죽은 후, 주후(A.D) 100년쯤 로마 제국에는 그리스도인이 대략 50만 명이었습니다. 그러나 주후 300년, 4세기가 되면서 그리스도인은 10배가 성장한 약 500만에 이르게 됩니다. 그러한 수적 성장에 영향을 준 사람이 있었습니다. 그가 바로 서로마 제국의 황제 "콘스탄티누스(Constantine:274-337, 재위: 306-337)" 입니다.

312년 10월 28일 서로마 제국의 황제 "콘스탄티누스"는 로마 근교의 '밀비안' 다리 전투에서 대승을 거두었는데, 이 승리를 그리스도교의 하나님 덕분이라고 굳게 믿었습니다. 그리하여 콘스탄티누스 황제는 다음해인 313년에 드디어 동로마의 황제인 '리치니우스'의 동의를 얻어 "밀라노 칙령"을 발표하였습니다.

이 칙령으로 인하여 로마제국은 그리스도교를 합법적인 종교로 인정합니다. 또는 그는 자신이 그리스도인이라는 것을 고백하고 337년 임종 때에 세례를 받았습니다.

콘스탄티누스는 밀비안 다리 전투에서 막센티우스의 군대를 승리할 수 있었던 결정적인 요인은 바로 일전을 앞둔 전날 밤 환상을 통한 하나님의 도움이라고 믿었습니다. 환상 가운데서 태양과 십자가가 하늘에 겹쳐 있는 모습과 "이 십자가로 승리하라"라는 글씨를 보았습니다. 그것은 빛나는 십자가로, 거기에는 "엔 투토이 니카"라는 그리스어 문구가 아로새겨져 있었습니다. 이 문구는 "In Hoc Signo Vinces(이 십자가로 승리하라)"라는 라틴어로 더 널리 알려져 있습니다. 그는 잠에서 깨자마자 꿈에서 본 것을 그렸고, 꿈에서 본 십자가를 제국의 깃발로 사용하기로 결정했습니다.

이 상징은 그리스 알파벳 중 '카이(X)'와 '로(P)'를 합친 것이며, 그리스 알파벳으로 '그리스도($Χριστος$)'란 단어를 쓸 때 앞의 두 글자입니다.

이 환상을 받아들인 콘스탄티누스는 자신의 전 군대를 향해 방패에 십자가 무늬를 그리라고 명령을 내린 후, 그대로 십자가를 의지하고 전쟁에 나가서 승리했습니다.

그는 그 환상을 보고 나서 진정으로 회심했고 로마에서 첫 번째 그리스도인 황제가 되어 기독교를 제국의 공식적인 종교로 선포하게 되는 것입니다.

우리도 십자가의 신앙이 있는 곳에 항상 이기는 것입니다. 십자가 안에는 신비와 생명의 능력이 있습니다. 십자가 안에 있는 감추어진 승리의 의미를 날마다 확인하면서 영원한 승리의 생을 살아갈 수 있기를 바랍니다.

어느 마을 이야기입니다.

마을 사람들의 마음이 깨끗해서 그 마을에는 술집도 창녀도 없었습니다. 그러다 보니 좀 엄격한 마을이 되었습니다. 이 마을에는 한 수도사가 있었는데 그는 많은 사람에게 존경을 받았습니다. 그런데 그 마을의 처녀가 결혼하기도 전에 아이를 가졌습니다. 처녀가 임신을 한 것입니다. 그 애 아버지가 누구라는 것을 대지 못하면 간음죄로 추방당하게 되고 맞아 죽을 수도 있었습니다. 마을사람들이 둘러서서 배 속의 아이 아버지가 누구냐고 다그치자 처녀는 두려운 나머지 "애 아버지는 저 수도사"라고 말했습니다. 수도사는 많은 몰매를 맞고 시름시름 앓다가 감옥에서 죽었습니다. 그런데 죽은 다음에 시신을 염하면서 보니까 수도사는 남자가 아니고 여자였습니다.

여자 수도사는 그 처녀와 배속의 생명을 살리기 위해서 "그 배속의 아이가 내 아이가 아니다"라는 말을 안 한 것입니다. 자신이 죽어야만 그 처녀를 살릴 수 있다는 생각 때문이었었습니다.

사도 바울의 신앙고백을 보면 "우리의 유월절 양 곧 그리스도께서 희생이 되셨느니라"라고 〈고린도전서 5장 7절〉에서 말씀하고 있습니다. 이 말씀보다 더 간단한 복음이 또 있을까요?

어린 양 그리스도의 희생은 우리의 축복을 주시기 위함이었습니다.

그리스도는 하나님의 어린 양이시며, 우리는 그 어린 양의 보혈을 사용할 수 있는 특권을 소유하고 있습니다. 따라서 그 십자가 보혈의 능력을 통해 가져다주는 축복들을 누리는 큰 기쁨이 있기 바랍니다.

붉은 구원의 밧줄

히 11:30-31
믿음으로 칠 일 동안 여리고를 도니 성이 무너졌으며 믿음으로 기생 라합은 정탐꾼을 평안히 영접하였으므로 순종하지 아니한 자와 함께 멸망하지 아니하였도다

우리 하나님은 긍휼히 여기시고, 공의로우시며 사랑이 많으신 분이십니다. 어느 누구를 막론하고 망하거나 지옥에 가게 되는 것은 하나님의 뜻이 아닙니다. 하나님은 저주 대신에 축복하시고 정죄보다는 구원하시며 심판  보다는 의를 입혀주시는 분입니다. 그래서 회개하고 믿는 자들에게 언제나 구원의 기회를 열어주십니다. 도움을 원할 때는 보호해 주시는 분이 바로 하나님이십니다. 보혈을 믿고 구원의 밧줄을 붙드는 사람을 건져내어 주시는 분입니다.

〈히브리서 11장〉은 믿음의 영웅들이나 그 이름을 올릴 수 있는 장입니다. 그런데 기생 라합이 믿음의 사람들의 명부에 그 이름이 올리어져 있음을 볼 수 있습니다. 잘 알다시피 라합은 여리고의 기생이었습니다(수 2장). 그녀는 선택받지 못한 이방인인 가나안 사람이었습니다. 그런데 하나님은

기생 라합을 택하셔서 이스라엘 백성이 가나안 땅을 정복하는데 중요한 역할을 감당하게 하십니다.

여호수아는 여리고 성을 완전히 파괴하고 심판을 내리는 것만이 하나님께 순종하는 길이었습니다. 이에 여호수아는 여리고 성에 두 정탐꾼을 보냅니다. 두 정탐꾼은 그곳에서 위험에 처하게 됩니다. 그때 라합은 그들을 숨겨주고 보호해 줍니다. 그리고 성을 침략할 때 자신을 보호해줄 것을 요청했습니다. 라합은 하나님과 피로 맺은 언약관계 안에 들어가기를 간청했고 생명의 피에 호소했습니다. 다음의 말씀을 보십시오.

수 2:14
"그 사람들이 그에게 이르되 네가 우리의 이 일을 누설하지 아니하면 우리의 목숨으로 너희를 대신할 것이요 여호와께서 우리에게 이 땅을 주실 때에는 인자하고 진실하게 너를 대우하리라"

수 2:18-19
"우리가 이 땅에 들어올 때에 우리를 달아 내린 창문에 이 붉은 줄을 매고 네 부모와 형제와 네 아버지의 가족을 다 네 집에 모으라 누구든지 네 집 문을 나가서 거리로 가면 그의 피가 그의 머리로 돌아갈 것이요 우리는 허물이 없으리라 그러나 누구든지 너와 함께 집에 있는 자에게 손을 대면 그의 피는 우리의 머리로 돌아오려니와"

두 정탐꾼은 보호를 받게 될 증거로 여리고 성이 내려다보이는 창문에 붉은 줄을 매달라고 했습니다. 이 붉은 줄은 라합의 믿음을 상징합니다. 설마 하고 의심할 때는 붉은 줄을 매달지 않아도 됩니다. 그러나 붉은 줄을 매다는 것은 피의 언약을 믿는 믿음의 결과입니다.

이스라엘 민족이 여리고 성을 공격했고 여리고의 모든 사람들과 동물까지도 멸하였습니다. 그러나 라합과 그의 가족은 피 아래서 보호와 구원을 받았습니다.

라합의 믿음은 개인뿐만 아니라 그의 가족과 자녀를 보호해 주었습니다. 그의 믿음이 생명을 얻게 했습니다. 그리고 라합은 예수의 가문에 들어가게 됩니다. 그녀는 다윗의 증조모였으며 예수님은 다윗 왕의 가문에서 태어나셨습니다.

수 6:25
"여호수아가 기생 라합과 그의 아버지의 가족과 그에게 속한 모든 것을 살렸으므로 그가 오늘까지 이스라엘 중에 거주하였으니 이는 여호수아가 여리고를 정탐하려고 보낸 사자들을 숨겼음이었더라"

아브라함이 이삭의 생명보다 하나님의 뜻을 더 귀하게 여긴 것같이, 라합도 민족의 운명보다 하나님의 뜻을 더 귀하게 여긴 것입니다. 하나님을 경외하며 그 뜻에 순종하려 할 때, 하나님께서는 그 인물을 귀하게 쓰십니다.

우리 주님은 좋으시고 너그러우신 왕으로서 피의 언약 관계에 있는 사람들에게 축복을 풍성하게 쏟아 부어주십니다. 그래서 예수님도 〈마태복음 7장 11절〉에 이렇게 말씀하셨습니다.

"너희가 악한 자라도 좋은 것으로 자식에게 줄 줄 알거든 하물며 하늘에 계신 너희 아버지께서 구하는 자에게 좋은 것으로 주시지 않겠느냐".

지금까지 우리가 하나님으로부터 받은 가장 큰 축복은 구원의 은혜입니다. 이 구원의 은혜는 하나님의 선물입니다. 하나님께서는 자신의 사랑하는 자녀들에게 선물을 주시기를 기뻐하십니다. 보혈의 궁극적인 목적은 값없이 자녀에게 구원의 복을 주는 것입니다. 십자가의 신앙은 바로 아낌없이 주는 것입니다. 그러므로 보혈로 말미암아 중간에 막힌 담을 허무셨고, 하나님과 화목케 되었습니다. 운명이 바뀌었습니다. 또한 우리가 하나님께 가까이 나아갈 수 있게 해주었습니다.

예수 그리스도의 보혈은 우리를 저주에서 속량해주시고 크나큰 축복을 가져다줍니다. 또한 이 복음을 사도 바울은 이스라엘 민족에게 한정된 것이 아니라 이방인 우리에게도 아브라함의 복을 받을 수 있다고 강력하게 말하고 있습니다. 〈갈라디아서 3장 14절〉 말씀을 보십시오.

"이는 그리스도 예수 안에서 아브라함의 복이 이방인에게 미치게 하고 또 우리로 하여금 믿음으로 말미암아 성령의 약속을 받게 하려 함이라"

말씀을 통해 알 수 있듯이 누구든 그리스도의 피를 의지하는 사람들에게 복을 가져다주는 은혜가 있음을 알 수 있습니다. 그 피의 은혜를 풍성히 누리십시오.

보혈이 주는 성령 충만함

롬 3:23-26
모든 사람이 죄를 범하였으매 하나님의 영광에 이르지 못하더니
그리스도 예수 안에 있는 속량으로 말미암아 하나님의 은혜로 값 없이 의롭다 하심을 얻은 자 되었느니라
이 예수를 하나님이 그의 피로써 믿음으로 말미암는 화목제물로 세우셨으니 이는 하나님께서 길이 참으시는 중에 전에 지은 죄를 간과하심으로 자기의 의로우심을 나타내려 하심이니
곧 이 때에 자기의 의로우심을 나타내사 자기도 의로우시며 또한 예수 믿는 자를 의롭다 하려 하심이라

그리스의 수학자 아르키메데스는 물을 이용한 무게 측정 공식으로 대중에게 유명해졌습니다. 한번은 그는 욕조에서 '변위법칙'을 발견하고 알몸으로 거리로 뛰쳐나가 "발견했다(유레카)!"라고 소리쳤습니다. 새로운 것을 발견하는 것은 모든 사람들을 흥분 시키는 일입니다.

우리도 예수 그리스도 보혈이 우리의 죄를 깨끗이 씻어 주셨으며 그 피로 말미암아 구원케 되었다는 사실을 발견하고 영적 놀라움의 기쁨을 자랑하는 은혜가 가득하시기를 바랍니다.

십자가의 보혈이 현재의 우리에게 주는 능력은 성령 충만함입니다.

우리는 날마다 십자가의 보혈을 찬양하고 높이고 주님의 보혈을 뿌림을 통해 성령 충만함을 받을 수 있습니다. 예수님의 보혈과 성령님은 밀접한 관계를 갖고 있습니다. 다음은 〈에스겔 36장 25-27절〉 말씀입니다.

"맑은 물을 너희에게 뿌려서 너희로 정결하게 하되 곧 너희 모든 더러운 것에서와 모든 우상 숭배에서 너희를 정결하게 할 것이며 또 새 영을 너희 속에 두고 새 마음을 너희에게 주되 너희 육신에서 굳은 마음을 제거하고 부드러운 마음을 줄 것이며 또 내 영을 너희 속에 두어 너희로 내 율례를 행하게 하리니 너희가 내 규례를 지켜 행할지라".

여기서 '새 영'과 '내 영'은 성령님을 가리킵니다. 주님의 보혈로 깨끗해진 마음속에 성령님을 부어주셔서 하나님의 뜻을 행하게 하시는 것입니다. 그러므로 우리는 순간순간 예수님의 보혈을 찬양하고 높이고 보혈을 뿌릴 때, 성령님은 강하게 역사하시고 성령 충만함을 허락하여 주시는 것입니다.

예수 그리스도의 보혈을 통해 '성령 충만'을 받을 수 있습니다. 그것은 십자가의 보혈을 찬양하고 높이며 자신의 상황에 보혈을 뿌리기 때문입니다. 이 시간, 당신 자신에게 보혈을 뿌리며 십자가의 보혈을 찬양하고 높여 드립시다.

〈에스겔 36장 25-27절〉의 말씀을 믿음의 눈으로 바라보고 묵상해 봅시다. 그리고 그 은혜의 말씀을 아래에 적어봅시다.

"맑은 물을 너희에게 뿌려서 너희로 정결하게 하되 곧 너희 모든 더러운 것에서와 모든 우상 숭배에서 너희를 정결하게 할 것이며
또 새 영을 너희 속에 두고 새 마음을 너희에게 주되 너희 육신에서 굳은 마음을 제거하고 부드러운 마음을 줄 것이며
또 내 영을 너희 속에 두어 너희로 내 율례를 행하게 하리니 너희가 내 규례를 지켜 행할지라"

유명한 앤드류 머레이 목사님은 "하나님의 영원한 성령이 항상 보혈과 함께 역사하며 또 그 보혈 안에서 역사하기 때문에 보혈은 내 안에서 성령의 능력을 발휘 할 것이다"라고 말하였습니다.

우리는 성령의 능력을 힘입기 원한다면 보혈의 능력을 힘입어야 합니다. 예수님의 보혈을 통해서 성령의 역사는 일어납니다. 부흥의 기초에도 역시 십자가의 보혈입니다. 불타는 부흥의 회복 역시 보혈의 능력입니다. 그러므로 보혈을 의지하여 찬양하고, 높이고, 뿌리므로 말미암아 간구하심에 풍성한 열매를 맺으시기를 바랍니다.

형통케 되는 복

고후 8:9
우리 주 예수 그리스도의 은혜를 너희가 알거니와 부요하신 이로서 너희를 위하여 가난하게 되심은 그의 가난함으로 말미암아 너희를 부요하게 하려 하심이라 우리가 예수님의 피의 언약관계로 들어감으로써 받는 큰 축복 가운데 하나는, 예수님의 보혈이 가져다주는 축복, 즉 형통케 되는 복을 받습니다.

하나님이 사람을 창조하신 이유가 무엇일까요?

왜 우리를 만드셨을까요?

〈창세기 5장 2절〉 "남자와 여자를 창조하셨고 그들이 창조되던 날에 하나님이 그들에게 복을 주시고 그들의 이름을 사람이라 일컬으셨더라"에 그 해답을 주시고 계십니다. 사람에게 복을 주시려고 창조하셨습니다.

예수님은 십자가에서 우리의 죄를 대신하여 가난을 다 청산해 주셨고, 절망과 패망, 그리고 실패마저 다 짊어지고 가셨습니다. 그러므로 우리는 모두 다 형통케 되었고, 부유함을 누릴 자격을 얻은 것입니다.

이제 예수님의 십자가 안에서 우리는 다 부요하게 되었습니다. 보혈을 의지함으로 가난은 청산되었습니다. 실패와 좌절은 더 이상 없습니다. 절대로 나를 가난한 패배자로 보아서는 안 됩니다. 우리는 아브라함의 복을 받은 영적 부자이기 때문입니다.

우리 함께 크게 외쳐봅시다. "나는 부유한 자다, 나는 부족함이 없는 사람이다.", "패배와 좌절은 물러갈지어다.", "가난과 궁핍은 더 이상 없다."

이제 형통의 자아상을 가지고 하나님께 감사고백하며 긍정적으로 말할 수 있습니다. 이것이 하나님 자녀에게 주신 위대한 약속의 말씀입니다. 다음의 〈출애굽기 23장 25절〉 말씀을 읽으시고 적어보십시오.

네 하나님 여호와를 섬기라 그리하면 여호와가 너희의 양식과 물에 복을 내리고 너희 중에서 병을 제하리니

저주가 끊어짐

히 9:22
피 흘림이 없은즉 사함이 없느니라

보혈이 주는 축복 중에 이보다 감사한 것이 또 어디 있겠습니까?

예수님의 보혈이 가져다주는 축복으로 우리의 가계에 흐를 수 있는 저주가 사라져 버렸습니다. 흐르던 모두 저주가 끊어졌습니다. 개인에서 자녀들, 그리고 조상의 저주까지 말입니다.

그리스도의 보혈은 악한 영이 걸어놓은 저주를 파쇄할 수 있으며, 차단시킬 수 있습니다. 악한 사탄 마귀의 저주에서 자유와 해방을 얻게 되고, 흘러 들어오는 저주도 사라집니다. 악한 사탄이 놓은 모두 덫에서, 그리고 올가미에서 벗어나고 제거 됩니다(왕상 14:1-12).

인간은 아담과 하와의 후손들입니다. 그런데 아담과 하와는 에덴동산에서 "사망선고"를 받았습니다. 그래서 성경은 "죄의 삯은 사망이요"(롬 6:23)라고 말하고 있습니다. 그런데 예수님은 그 죄의 빚을 완전히 청산하기 위해서 피를 흘리셨습니다.

예수님의 보혈이 모든 죄의 대가를 치루어 주신 것입니다. 또한 이제 주님의 보혈을 의지하는 사람은 저주의 사슬에서 완전 해방을 얻습니다. 사탄이 놓은 우는 사자와 같이 두루 삼키려 하는 마귀에게 보호받을 수 있습니다(벧전 5:8).

그리스도의 보혈은 너무도 완벽하고 강력해서 가계에 흐르는 저주를 끊어주시고 개인의 삶에 놓여 있는 모든 재앙과 덫을 파쇄하십니다.

채찍에 맞으시고 십자가에서 흘리신 보혈, 그 피를 의지함으로 가문에 흐르는 저주가 끊어집니다. 함께 저주를 끊는 기도를 합시다.

가계에 흐르고 있는 악한 저주의 영아,
예수 그리스도의 피로 너를 저주하고,
이 시간 너의 저주의 줄을 끊어버리노라.

우리 가정과 가족들에게서 이 시간 흐르고 있는 저주의 영아.
십자가에서 승리하신 예수 그리스도의 피로 너를 대적하노라.
끊어질지어다. 아멘.

질병에서 낫게 하심

벧전 2:24
친히 나무에 달려 그 몸으로 우리 죄를 담당하셨으니 이는 우리로 죄에 대하여 죽고 의에 대하여 살게 하려하심이라 그가 채찍에 맞음으로 너희는 나음을 얻었나니 예수님의 십자가를 바라보고 그 보혈을 의지할 때, 치료의 약효가 나타납니다. 영국의 유명한 스펄전 목사는 영적 세계에서 이루어진 약효에 대해서 이렇게 말했습니다.

"예수님의 십자가를 바라보고 그 보혈을 의지할 때, 우리에게 약효가 나타난다."

예수 그리스도의 십자가를 바라볼 때 질병에 대한 저항력이 생깁니다. 내가 주님을 의지할 때 우리의 병을 짊어지고 가신다는 것입니다. 예수님은 정말로 우리의 연약한 것을 친히 담당하시고 당신의 병을 짊어지셨습니다. 그러므로 우리는 나음을 얻었습니다.

다음의 두 말씀을 의지하여 크게 선포하십시오. 하루에 10번씩 외치십시오. 놀라운 치유의 경험을 누리게 되실 것입니다.

〈이사야 53장 4절〉은 이렇게 말씀하십니다.

"그는 실로 우리의 질고를 지고 우리의 슬픔을 당하였거늘 우리는 생각하기를 그는 징벌을 받아 하나님께 맞으며 고난을 당한다 하였노라"

〈마태복음 8장 17절〉 말씀을 주십니다.

"… 우리 연약한 것을 친히 담당하시고 병을 짊어지셨도다."

이사야 53: 4

마태복음 8: 17

_____

_____

마귀의 능력을 멸함

약 4:7
그런즉 너희는 하나님께 복종할지어다 마귀를 대적하라 그리하면 너희를 피하리라

보혈을 의지할 때 사탄의 왕국은 궤멸되는 것입니다. 그의 영역이 좁아지고 계획한 모든 궤계가 무너지게 됩니다.

마귀가 가장 두려워하는 것을 무엇이라 했습니까?

여러 번 강조했지만, 그리스도의 피입니다. 사탄 마귀는 예수님의 보혈을 가장 두려워합니다. 그러므로 순간순간 마다 예수 그리스도의 보혈을 의지하고 주장해야 합니다. 뿌리고 발라야 합니다.

늘 하나님의 말씀을 읽으시고 연구와 묵상을 규칙적으로 해야 합니다. 날마다 기도하며 예배드리는 일에 전념해야 합니다. 그것이 영적전쟁에서 승리하는 최고의 비결이자 마귀의 능력을 멸하는 방법입니다.

이제 우리는 온전히 주님의 보혈이 주시는 축복을 믿고 의지해야 합니다.

보혈을 의지할 때, 하나님의 약속과 축복은 모두 당신의 것이 됩니다. 하나님께서는 당신을 통해서 축복해 주시기를 원하십니다. 그것이 십자가 위에서 희생하신 이유입니다. 따라서 모든 축복은 바로 당신의 것입니다. 왜냐하면 주님이 강권적으로 우리를 예수님의 피의 언약 관계로 맺게 하셨기 때문입니다.

자 믿음으로 담대히 보혈을 의지하여 선포하십시오. 사탄 마귀의 활동이 좁혀지고 보혈이 뿌려진 곳에 저주가 멸하여 지는 은혜가 일어납니다. 이것이 보혈이 가져다주는 축복입니다.

〈 실전 보혈 기도 〉

주님, 이 시간 보혈을 의지하여 기도합니다.
주님이 나의 모든 상처와 질병을 짊어지시고,
재앙과 저주까지도 십자가 위에서 피 흘려 그 대가를 다 지불해 주셨음을 믿습니다.

악한 마귀의 저주에서 자유와 해방을 주셨고,
덫과 올가미에서 벗어나게 해 주셨으니 감사합니다.
일어날 모든 고난과 질병까지도 친히 주님께서 청산해 주셔서 행복합니다.

지금 보혈을 의지하여,
내 삶 가장 첫 번째 위치에 붉은 줄을 메달아 놓았습니다.
승리하였습니다.
나음을 받았습니다.
새로워졌습니다.
저주가 끊어졌습니다.
아멘.

여러분을 위해 보혈 기도를 드립니다.
이 보혈기도를 통해 예수님의 강력한 역사하심이 나타날 줄 믿습니다.
이 시간 예수님의 보혈로 기도할 수 있음에 감사드립니다.

— 정병태

저자의 보혈 기도

먼저, 〈히브리서 9장 22절〉 말씀을 고백합니다.

**"율법을 따라 거의 모든 물건이
피로써 정결하게 되나니
피흘림이 없은즉 사함이 없느니라"**

기독교는 피의 종교입니다.
기독교는 예수님의 피를 떠나서는 능력이 나타나지 않습니다.
예수님의 십자가 피로써 구원을 받습니다.
예수님의 피로 말미암지 않고는 다른 어떤 방법으로도 의롭게 될 수 없습니다.

주님께서 우리의 죄를 위해 피를 흘려 주심을 믿습니다.
그 피를 흘려 주심으로 성령님께서 나에게 오실 수 있었음을 믿습니다.
이 성령님의 기름 부으심을 경험하게 해 주심을 감사드립니다.
하나님께서는 성령의 기름으로 우리의 머리부터 발끝까지 온전히 덮으시길 원하십니다.

지금 예수의 보혈로 선포하오니,
기름 부으심을 받고자 간절히 갈망하는 모든 사람들에게
예수님께서 흘리신 피가 머리부터 발끝까지 임하기를 선포하노라.
예수님의 피가 당신의 귀에 뿌려지고 발라져서,
주님의 음성을 들을 수 있는 영적 귀가 되었음을 선포하노라.
"잘 들립니다. 똑똑히 들립니다. 분명하게 주님의 음성이 들립니다"고백되어지는 은혜가 임할지어다.

예수님의 피가 당신의 손에 뿌려지고 발라져서,
하는 일이 풍성한 열매를 맺는 배가의 역사하심이 나타날 지어다.
예수님의 피가 발라진 발에, 혼자가 아니라 주님이 늘 함께 동행하심으로 당신의 걸음을 인도해 주시리라.
예수님의 보혈을 의지하여 나의 문제를 덮어 달라고 지속적으로 기도하는 당신에게,
묶임에서 벗어나 승리하며 자유함을 누리게 됨을 선포하노라.

오늘도 보혈의 은혜가 적용되어야 함을 믿고 보혈기도 사역 위에,
예수님의 피가 뿌려진 곳에 하나님의 큰 축복이 임할지어다.
형통의 역사가 일어날지어다.
당신이 하시는 모든 일에 축복하시기를 간구하노라.

예수님의 피가 뿌려진 곳에 용서, 평화, 구원을 누리도록 역사하고
계심을 믿습니다.
예수님의 피가 뿌려지고 발라진 곳에 하늘의 소리가 울려 퍼지고
기쁨이 넘쳐날지어다.

하나님의 형상이 심하게 깨지고 죽은 나의 영이 예수님의 보혈이
뿌려짐으로 다시 새사람으로 회복되어졌음을 믿노라.
죽었던 우리의 영이 성령에 의하여 다시 거듭나게 됨을 감사드립니
다.
마침내 하나님의 형상이 온전히 회복되게 하심에 감사드립니다.
우리의 영혼육이 온전히 치유함을 받게 해 주심에 감사드립니다.

사랑의 주님!
주님의 보혈이 헛되지 않도록 십자가의 은혜를 온 세상에 알려 하
나님께 영광을 돌려드리는 자녀가 되겠습니다.
보혈의 은혜로 말미암아 저주 아래 있는 자를 복 받은 자녀 되게 하
심을 감사드립니다.

예수님의 십자가는,
죽음의 세력을 잡은 자 사탄 마귀를 멸하시고,
한평생 매여 종노릇 하는 모든 자들을 놓아주셨습니다.
십자가의 보혈로 그들을 이기신 주님의 십자가를 찬양합니다.

예수님의 피로 우울함, 불안감, 외로움, 분노, 슬픔, 과거의 상처, 근심, 무력감, 비난의 영, 더러운 생각, 죄책감, 혼미함, 공상, 불면증, 악몽, 도박의 영, 자살, 음란, 채무, 가난 등의 모든 사탄 마귀가 주는 영을 파쇄하노라.
예수님의 피를 의지하여 예수님의 이름으로 대적하노라.
떠나갈지어다. 사라질지어다. 파쇄하노라.

주님,
우리의 옛 사람은 예수님과 함께 십자가에 못 박혀 죽고
장사 지낸 바 예수님과 함께 부활했습니다.
이제 예수님이 우리 안에 있음을 믿습니다.

십자가의 보혈로 나의 죄를 용서하여 주신
예수님의 이름으로 기도드립니다.
아멘.

◈ 실 천 나 눔 ◈

보혈기도 학습

  이 장은 학습한 내용을 통해서 새롭게 알게된 영적 지식과 깨달음 가운데 가장 인상 깊었던 것, 마음을 움직인 것, 변화를 가져왔던 것, 그리고 어떤 결심을 하도록 움직였던 것 등에 대해 각자의 생각과 느낌을 미리 작성한 다음, 그룹 모임에서 함께 나눠보도록 구성되어 있습니다.
  개인, 가정, 소그룹, 구역 모임, 청년 모임 등에서 보혈기도를 하시고 나눠 봅시다.

  저는 늦은 나이에 하나님의 부르심을 받고 목사가 된 후 주님께 감사하고 있는 일이 한두 가지가 아닙니다. 그 중의 하나가 영적 사역자로 사용해 주신 것입니다.
  이제부터 보혈기도 적용 훈련을 잘 숙지하여 자신이 현재 직면하고 있는 문제 위에 보혈기도를 사용하여 꼭 해결 받으시기 바랍니다.

실천과 나눔

1주차

날짜 :   장소 :
이름 :   시간 :

먼저 하나님의 말씀을 성령의 검과 보혈의 능력으로 실제 삶의 현장에서 직접 적용하여 사용해 봅시다. 사용된 하나님의 말씀이 자신의 삶의 현장에서 실제로 어떻게 역사했는가를 관찰합시다.

사탄 마귀를 물리칠 수 있는 공격용 무기 사용하기

1 여러분은 하나님의 말씀을 성령의 검으로 사용하고 계십니까?
우리는 구원받은 후 하나님의 말씀이 지니고 있는 성령의 검의 능력을 제대로 깨닫고서 신앙생활을 하고 있습니까?
이제 말씀의 검의 능력을 자신의 삶의 현장에서 제대로 누리면서 사는 것이 우선적이어야 합니다.
다음 〈히브리서 4장 12절〉 말씀을 읽어 보시기 바랍니다. 그리고 외우시고 적어봅시다.

"하나님의 말씀은 살아 있고 활력이 있어 좌우에 날선 어떤 검보다도 예리하여 혼과 영과 및 관절과 골수를 찔러 쪼개기까지 하며 또 마음의 생각과 뜻을 판단하나니"

2 하나님의 말씀의 검은 "좌우에 날선 어떤 검보다" 더 예리하다고 하지 않았습니까?
그 능력은 "혼과 영과 및 관절과 골수를 쪼개기까지" 할 정도로 예리하고 강력한 힘을 갖고 있다고 하지 않았습니까?
그렇습니다. 말씀이 지니고 있는 이러한 능력을 믿고 자신의 실제 삶의 현장에서 적용하여 사용해봅시다. 놀라운 역사하심이 일어날 것입니다.

3 히브리서 저자는 본문에서 하나님의 말씀이 지니고 있는 능력에 대해 4가지로 나누어 가르치고 있습니다. 괄호 안에 채워 넣어 보십시오.

〈히 4:12〉
첫째, 하나님의 말씀은 (   ).
둘째, 하나님의 말씀은 (   ).
셋째, 하나님의 말씀은 (   ).
넷째, 하나님의 말씀은 (   ).

4 실로 하나님의 말씀은 "성령의 검"으로써 마귀의 미혹과 궤계를 물리칠 수 있는 유일한 공격용 무기인 것입니다(엡 6:17). 말씀을 외우시고 아래에 적어봅시다.

"구원의 투구와 성령의 검 곧 하나님의 말씀을 가지라"

....

....

....

5 예수님께서 세례를 받으신 후 공생애를 시작하시기 전에 직면하셨던 마귀의 시험을 어떤 방법으로 사용하시어 물리쳤습니까?
〈마태복음 4장 1-11절〉 말씀을 찾아서 읽으시고 그 내용을 나눠봅시다.

....

....

6 말씀은 성령의 검으로 우리의 영혼육을 치료하고, 살리고, 거룩케 하고, 승리케 할 수 있음을 해당 말씀을 찾아 확인하시고 다음에 아래에 적어봅시다.

우리의 영혼육을 치료하고
시편 107:20

....

....
....

살리시고
시편 19:7

....
....
....

거룩케 하고
요한복음 17:17

....
....
....

승리케 할 수 있음
마태복음 4:3-11

....
....
....

〈 실천학습 〉 말씀을 주야로 묵상하기

7

우리가 말씀의 능력을 제대로 알지 못한다면 어떻게 하나님의 말씀을 즐거워하고 사랑할 수 있겠습니까? 우리가 형통하는 비결은 말씀을 즐거워하는 것입니다.

〈시편 1편 13절〉의 말씀을 함께 새로운 마음으로 읽어 보도록 하겠습니다. **"그는 시냇가에 심은 나무가 철을 따라 열매를 맺으며 그 잎사귀가 마르지 아니함 같으니 그가 하는 모든 일이 다 형통하리로다"**

매일 성경말씀을 3장 이상 읽으시고, 매일 한 구절의 말씀을 암송하십시오. 그리고 마음에 깊게 와 닿은 말씀을 한 주일 동안 묵상하시고 신앙생활에 선포하십시오.

• 금주부터 읽을 성경말씀 :

• 금주에 외울 성경 구절 :

〈함께 나누는 이야기〉

8 아래의 이야기를 읽고 그 느낌과 결단을 함께 나눕시다.

이탈리아 피렌체에 가면 미켈란젤로가 조각한 '다윗 상'이 있다.
이 조각품은 값을 매길 수가 없다. 이 '다윗 상'은 당시 26세의 미켈란젤로가 1501년 8월 피렌체 대성당의 지도자들로부터 조각을 의뢰받고 결이 좋지 않고 조각하기 어려운 5m가 넘는 거대한 대리석을 이용하여 3년 만에 4.49m의 높이로 탄생시킨 것이다.

미켈란젤로는 처음 원석인 대리석을 앞에 두고 깊이 생각을 하였다. "아! 저 대리석 안에는 어떤 형상이 들어 있을까?" 며칠을 생각한 끝에 그는 그 대리석에서 구약성서 사무엘 상 17장에 나오는 '다윗의 승리'를 캐내리라 마음을 먹고 망치를 들었다.

그런데 작업이 거의 끝나 갈 무렵 대리석 가운데 깊게 그어진 금이 하나 나타났다. 그것은 결정적인 흠이었고 더 이상 조각을 계속할 수 없었다. 미켈란젤로는 크게 실망하여 대리석을 그만 깨 버리려고 망치를 높이 들었다. 그 때 하나의 음성이 들려왔다.
"미켈란젤로야! 네 안에는 흠이 없느냐?
네 인생에는 그런 아픔과 고통이 없었느냐?"

미켈란젤로는 망치를 내려놓고 얼른 자기 안에 있는 상처를 찾아보았다.

과거의 자신의 흠을 떠올린 미켈란젤로는 대리석의 흠이 다름 아닌 자신의 상처라는 것을 알았다.
그는 자신의 상처를 어루만지면서 조각을 계속하였다. 드디어 '다윗 상'이 완성되었을 때 그 조각은 완벽하였다.

그런데 그 다윗 상의 눈이 '짝짝이'라고 한다. 일명 '사시'말이다.
다윗이 골리앗을 향해 물맷돌을 던질 때,
하나의 눈은 하나님을 바라보고,
또 하나의 눈은 골리앗을 바라보았다는 것이다.

우리들도 인생을 살아가는데 결정적인 흠이 있더라도 그 흠 때문에 인생을 바로 포기하지 말고, 오히려 그 흠을 최대한 이용하고 활용해서 더 멋지고 더 행복한 삶을 살아가라.
한 눈은 하나님을 향하고, 다른 한 눈은 문제를 향하면 큰 거부, 거상, 거목, 거장, 거인이 될 수 있다.

실천과 나눔 Note

실천과 나눔 2주차

날짜 :   장소 :
이름 :   시간 :

예수님의 십자가가 지니고 있는 그 놀라운 능력은 무엇입니까? 우리 인간의 모든 불행, 질병, 저주, 사망과 권세를 잡고 있는 마귀의 모든 권세를 멸하고 승리할 수 있는 능력을 갖고 있다는 것입니다. 그러므로 예수님의 피를 의지하여 십자가의 능력을 우리 삶의 현장에서 직접 적용하는 것입니다.

예수 그리스도의 이름의 권세와 능력 사용하기

1 구원받은 우리 그리스도인이 자신의 정체를 바로 깨달은 후 자신의 삶에 항상 적용할 수 있는 가장 보배로운 진리 중의 하나가 바로 예수 그리스도의 이름의 권세와 능력을 사용하는 기도입니다.

예수 그리스도의 이름을 삶에 적용하기 위해서는 필히 예수님의 이름을 사용해야 합니다. 다음 요한복음 14:14, 골로새서 3:17 말씀을 찾아 아래에 적어봅시다. 예수님의 이름에는 능력과 권세가 있습니다.

요한복음 14:14

....

....

골로새서 3:17

2 예수 그리스도의 이름의 권세와 능력을 믿고 기도해야 합니다. 예수 그리스도의 말씀을 사탄 마귀를 향해 자신의 입으로 담대히 선포해야 합니다. 영적 사역에서 말씀을 자유자재로 사용할 수 있도록 반드시 외워두어야 합니다.
다음의 말씀을 찾아 적어봅시다.

마태복음 28:18

빌립보서 2:9-11

요한복음 16:33

....
....
....

고린도전서 15:37

....
....
....

골로새서 2:15

....
....
....

히브리서 2:14

....
....
....

요한계시록 12:11

....
....

3 예수님의 이름으로 기도하기

예수님의 이름에는 놀라운 능력과 권세를 지니고 있음을 믿고 사용해야 합니다. 확신을 갖고 사용해야 역사하십니다(빌 2:9-11).
다음과 같이 신앙생활에서 적용하여 사용하십시오.
아래의 기도 문구를 10번 읽으시고, 10번씩 적으시어 실전에서 자유자재로 사용할 수 있도록 하십시오.

1) (   )아,
   내가 예수 그리스도의 이름으로 네게 명령하노니,
   (   )에게서 떠나갈지어다.

2) (   )아,
   내가 예수 그리스도의 이름으로 너를 저주하고 패배되었음을 선포하노니,
   (   )에게서 떠나갈지어다.

3) (   )아,
   내가 예수 그리스도의 이름으로 너를 묶고 꾸짖어 명령하노니,
   (   )에게서 떠나갈지어다.

4) 내가 예수 그리스도의 이름으로 축복하오니,
   (   )은 복을 받을 지어다.

5) 내가 예수 그리스도의 이름으로 기도하오니,
   (   )은 질병이 나을지어다.

6) 내가 예수 그리스도의 이름으로 기도하오니,
   (나)의 (우울감)의 근원을 하나님의 말씀의 검으로 도려내 주시고,
   예수의 피로 씻어 주옵시고,
   성령의 치료의 광선과 불로 태우고 소멸하여 주시옵소서.

7) 내가 예수 그리스도의 이름으로 기도하고 명령하노니,
   (나)의 (우울감)의 근원은 파괴되고 마를지어다.

8) 내가 예수 그리스도의 이름으로 꾸짖고 명령하니,
   (나)의 (우울감)의 근원을 잡고 있는 악한 영은 이제 완전히 결박되어
   (내)게서 영원히 끊어질지어다.

9) 내가 예수 그리스도의 이름으로 축복하오니,
   (나)의 (우울감)의 근원은 이제 마르고 그 곳을 (순종의 마음)으로 충만
   히 채워 주옵소서.

10) 내가 예수 그리스도의 이름으로 명하노니,
    (시력)은 정상으로 회복될지어다.

11) 예수님께서 십자가의 고난을 통하여 저의 연약한 것을 친히 감당하시고, 저의 (   ) 병을 짊어지신 것을 확실히 믿습니다.
이제 내가 예수 그리스도의 이름으로 명령하노니,
나의 (   ) 병은 완전히 결박되어 내게서 영원히 떠나갈지어다.

12) 내가 예수 그리스도의 이름으로 명령하노니,
(내) 몸 안에 예수의 피가 강렬하게 흐름으로 심신에 쌓여 있는 모든 피곤은 말끔히 씻어지고 사라질지어다.

13) (나의) 가계에 흐르고 있는 이 (우울감)의 영아,
내가 예수 그리스도의 이름으로 너를 저주하고,
예수의 피로 너를 철저히 멸하고 끊는다.
우리의 가정에서 영원히 끊어질지어다.

4 〈 실전 기도 〉 예수 그리스도의 이름으로 기도하기

구원받은 그리스도인으로 아직도 끊지 못하고 고민하며 어떤 죄악과 행동이나 습관이 있지 않습니까? 그것이 술, 담배, 향락, 음란, 낭비, 게으름, 폭식 등 이제 하나님의 말씀을 믿고 보혈기도로 자신의 포로 된 삶을 끊으십시다. 마귀의 속박의 줄을 끊으십시오. 아래에 실제적인 기도의 내용을 적으십시오. 그리고 날마다 기도하십시오.

5 〈함께 나누는 이야기〉

아래의 이야기를 읽고 그 느낌과 결단을 함께 나눕시다.

> 미국의 한 신문에 이런 글이 실렸는데 많은 사람들이 공감하였다.
> 우리는 돈으로 무엇이든지 살 수 있으나, 행복은 살수 없고
> 돈으로 침대는 살 수 있으나, 잠을 살 수 없고
> 돈으로 음식을 살 수 있으나, 식욕은 살 수 없고
> 돈으로 집은 살 수 있으나, 가정을 살 수 없고
> 돈으로 약은 살 수 있으나, 건강을 살 수 없고
> 돈으로 쾌락을 살 수 있으나, 행복은 살 수 없고
> 돈으로 어디든지 갈 수 있으나, 천국은 갈 수 없고
> 돈으로 십자가는 살 수 있으나, 보혈은 살 수 없다.

....

....

....

이화여대 총장을 지내셨던, 한국 최초의 여성 박사 1호, 한국 최초의 철학박사 김활란 박사가 졸업식 축사에서 행복이란 주제로 강의를 하였습니다. 그때 많은 학생들이 감동을 받았습니다. 그런데 어느 학생이 질문을 하였습니다.
"선생님, 선생님같이 잘나고 많이 배우고 부유한 사람은 행복을 말할 수 있으나 우리같이 가난하고 못나고 불행한 사람이 어찌 행복을 말할 수 있겠습니까?"

그때 그는 말하기를 행복은 육적인 소유에 있지 않고 예수를 소유함에 있다고 하였습니다. 그러면서 "사도바울을 보아라, 아무것도 없었으나 그는 항상 감사하고 기뻐하였습니다. 그 이유는, 바울은 행복의 원천인 예수를 소유했기 때문이다"라고 하였습니다.

〈여러분, 진짜 행복은 예수님을 믿는 것, 예수를 소유했다는 것만으로도 충분히 기쁘고 행복합니다.〉

김활란 박사는 죽기 전에 그의 유언에서 "내가 죽거든 장송곡을 부르지 말고 환송곡을 불러 달라. 그리고 내가 죽거든 묘비에다 〈데살로니가전서 5:16-18〉 말씀을 새겨 달라"는 유명한 말을 남기고 천국에 갔습니다.

〈우리도 죽을 때 환송곡을 부르고, 묘비에 쓸, 말씀 문구를 미리 준비해 둡시다.〉

항상 기뻐하라, 쉬지 말고 기도하라, 범사에 감사하라 이것이 그리스도 예수 안에서 너희를 향하신 하나님의 뜻이니라
살전 5:16-18

실천과 나눔 Note

실천과 나눔

3주차

날짜 : 장소 :
이름 : 시간 :

예수님의 십자가가 지니고 있는 그 놀라운 능력은 무엇입니까? 우리 인간의 모든 불행, 질병, 저주, 사망과 권세를 잡고 있는 마귀의 모든 권세를 멸하고 승리할 수 있는 능력을 갖고 있다는 것입니다. 그러므로 예수님의 피를 의지하여 십자가의 능력을 우리 삶의 현장에서 직접 적용하는 것입니다.

삶에 적용하고 변화된 은혜 나누기

1 1주차, 2주차 학습 후 말씀을 찾아 적고 읽어 암송하여 삶에 적용해 보았습니다. 날마다 보혈기도를 신상생활에 사용한 후 변화된 나의 삶을 나눠봅시다.

....
....
....

하나님의 형상 회복하기

2 우리 인간은 하나님의 형상을 따라 하나님의 모양대로 지음을 받았습니다. 즉 하나님께서 우리 인간의 속성을 하나님의 속성, 품성과 비슷하게 지으셨

다는 것입니다. 이것이 하나님께서 인간에게 베푸신 가장 큰 은혜와 사랑입니다. 뿐만 아니라 인간에게 지ㆍ정ㆍ의, 즉 인격을 부여해 주셨습니다.

창세기 1:26

....

....

마태복음 5:48

....

....

창세기 2:3

....

....

3 창조시 우리 인간에게 주어진 하나님의 형상이 심하게 깨어지게 됩니다. 우리 인류의 조상인 아담과 하와가 에덴 동산 중앙에 있는 "선악을 알게하는 나무의 실과"(창 2:17)를 그만 따먹고 말았습니다.
사탄은 뱀으로 위장하여 우리 그리스도인을 미혹하고 있음을 항상 인식하면서 신앙생활을 해야 합니다(고후 11:14).
우리 인류의 시조인 아담과 하와가 사단의 꾀임에 그만 넘어가고 말았습니다.(창 3:1-6) 그러므로 의인은 하나도 없습니다.

로마서 3:10

....

....

아담과 하와의 불순종으로 인하여 죄가 처음으로 우리 인류에게 들어오게 되었습니다.

로마서 5:12

....

....

로마서 5:18

....

....

우리 인간의 영혼 안에 있는 영이 죽고 말았습니다.

에스겔 18:4

....

....

에베소서 2:1

_____

_____

창세기 3:8

_____

_____

로마서 3:23

_____

_____

마태복음 15:18-19

_____

_____

예수님께서는 니고데모에게 네가 물과 성령으로 반드시 거듭나야 된다고 강조했습니다.

요한복음 3:5-6

_____

_____

4 오직 예수 그리스도만이 우리 인간의 타락한 영혼과 육을 온전히 치유할 수 있는 유일하신 분이라는 사실입니다.

장차 이 세상에 오실 메시야는 우리 인간이 질고를 지고, 슬픔을 당하고, 우리의 허물로 인하여 찔리고, 우리의 죄악을 인하여 상함을 입게 될 것이라고 예언되어 있습니다.

이사야 선지자의 예언은 실제 메시야께서 자신의 대속적인 희생을 통하여 우리 인간의 허물과 죄악뿐만 아니라 질병과 고통을 지고 당하셨다는 것입니다.

〈이사야 53장 5절〉 말씀입니다.

"그가 찔림은 우리의 허물 때문이요 그가 상함은 우리의 죄악 때문이라 그가 징계를 받으므로 우리는 평화를 누리고 그가 채찍에 맞으므로 우리는 나음을 받았도다"

온 세상의 죄를 지시고 갈보리의 고난과 죽음을 통하여 그 죄를 당하셨다는 말씀을 믿고 의지해야 합니다. 다시 한 번 〈이사야 53장 5절〉 말씀을 적고 외워봅시다.

………………………………………………………………………………………
………………………………………………………………………………………
………………………………………………………………………………………
………………………………………………………………………………………
………………………………………………………………………………………
………………………………………………………………………………………

〈 실전 보혈 기도 적용하기 〉 보혈을 의지하여 기도하기

5 〈이사야서 53장 5절〉의 말씀처럼 예수님께서 십자가의 죽으심을 통하여 이루어 놓으신 참 평안(샬롬)을 경험하는 은혜를 누리십시다.
예수님께서 우리 인간의 영,혼,육을 치유하시고 온전하게 하셨습니다.
믿음으로 보혈을 의지하여 기도합시다.

6 영적 치유사역하기

영적 치유사역을 위해서는 다음의 단계를 거쳐야 합니다.
효율적으로 기도 사역을 해야 악한 영의 뿌리를 뽑고 끊을 수 있습니다.

    1) 문제의 근원을 찾으십시오.
    2) 속박의 종류는 무엇인가?(미움, 분노, 우울, 두려움,)
    3) 그 속박으로 자신의 삶에 나타난 증상은?
    4) 죄에 대해 진심으로 회개 하십시오.
    5) 죄에 대해 진심으로 용서하십시오.
    6) 예수 그리스도의 이름으로 그 속박의 영을 보혈기도로 사역하십시오.

이제 믿음을 가지고 자신 안과 주변에 있는 타락한 근원을 바라보면서 보혈기도를 하십시오. 교재를 활용하여 적절한 보혈기도문을 만드시고 사용하여 기도합시다.
예수의 이름으로 결박하고 꾸짖어 쫓아내야 합니다. 보혈을 뿌리고 바르고 적용해야 합니다. 실제의 삶에 적용해봅시다.

〈함께 나눌 이야기〉

7 아래의 이야기를 읽고 그 느낌과 결단을 함께 나눕시다.

교수이신 어니스트 캠벨(ernest campbell)의 의미 있는 이야기가 있어 함께 나눕니다.

어느 여인이 외로움을 달래기 위해 동네 애완동물 가게에서 앵무새를 사갔습니다. 그녀는 이틀이 지난 후 화가 잔뜩 난 채로 가게에 나타났습니다.

"아저씨! 앵무새가 말을 한마디도 하지 않아요."

주인은 이렇게 말해주었습니다.

"거울을 하나 넣어주세요. 앵무새는 거울로 자기 모습을 비춰보는 것을 좋아하거든요."

여인은 앵무새가 사용할 거울을 하나 사서 집으로 갔습니다. 거울을 비춰주어도 여전히 울지 않자 그녀는 다시 가게를 찾았습니다.

"앵무새는 사다리를 오르내리는 것을 좋아하거든요. 사다리를 넣어주세요."

그녀는 주인의 말대로 사다리를 사가지고 돌아갔습니다. 그러나 다음날 여인은 또 가게에 나타났습니다. 앵무새가 여전히 말을 하지 않았던 것입니다.

"그러면 그네를 사주세요. 앵무새는 그네를 타고 한가로이 노는 것을 좋아하거든요."

다음날 가게에 나타난 여인은 가게 주인에게 새가 죽었다고 했습니다. 새가 죽었다는 말에 주인은 여인을 위로하며 물었습니다.

"정말 안됐습니다. 혹시 앵무새가 죽기 전에 무슨 말을 하지 않던가요?"
그러자 여인이 말했습니다.
"이곳에 모이를 파는 곳은 없나요?'라고 하더군요."

캠벨의 이야기가 전하는 교훈은 영혼의 양식을 통한 개인의 성장입니다. 우리는 예쁘게 화장하기 위해 거울을 보고, 더 높이 오르기 위해 사다리도 구입하며, 즐겁게 놀기 위해 그네도 사지만, 정작 영혼의 성장에는 소홀하다는 것입니다.
개인, 조직, 공동체가 성장하기 위해서는 마음과 영혼의 양식을 통한 성장이 반드시 필요합니다. 끊임없는 영적 기도를 통한 영혼의 성장을 대신할 수 있는 것은 아무것도 없습니다.

실천과 나눔 Note

실천과 나눔		
4주차	날짜 :	장소 :
	이름 :	시간 :

오직 예수 안에서만 죄와 사망으로부터 벗어날 수 있습니다. 그 분만이 사망으로부터 석방해줄 능력을 가졌습니다. 보혈 찬양의 가사를 적고 단호하게 부르며 승리합시다.

1 고린도후서 5장 21절 말씀을 아래에 적어보십시오. 이 말씀에서 우리가 어떻게 예수님의 의의 옷을 입게 되었는지 함께 나누어봅시다.

> "하나님이 죄를 알지도 못하신 이를 우리를 대신하여 죄로 삼으신 것은 우리로 하여금 그 안에서 하나님의 의가 되게 하려 하심이라"

....

....

....

2 사탄이 우리에게 다가와 아무리 죄를 가지고 정죄하더라도, 그 사탄의 정죄에 넘어가면 안 됩니다. 왜냐하면 사탄의 정죄는 이미 근거가 없는 정죄이기 때문입니다. 효력이 없는 정죄입니다. 오직 예수 안에서만 죄와 사망의

법에서 해방시켜 주십니다.

> 롬 8:1-2
> 그러므로 이제 그리스도 예수 안에 있는 자에게는 결코 정죄함이 없나니
> 이는 그리스도 예수 안에 있는 생명의 성령의 법이 죄와 사망의 법에서 너를 해방하였음이라

....

....

....

3 〈갈라디아서 2장 20절〉 말씀을 적어 보십시다. 그 말씀을 한 줄씩 적으면서 그 의미를 마음에 새겨봅시다.

내가 그리스도와 함께 십자가에 못 박혔나니
....

오직 내 안에 그리스도께서 사시는 것이라
....

이제 내가 육체 가운데 사는 것은 나를 사랑하사
....

나를 위하여 자기 자신을 버리신 하나님의 아들을 믿는 믿음 안에서 사는 것이라.

....

....

4 사형수에게 대통령의 사면장이 내려진다면 어떻게 되는 것일까요? 그 흐름도를 그려보고 확인해 봅시다.

[사형수] 죽음 〈--- 특별사면 --- 대통령
    └──────────────→ 사면령 = 석방

5 다함께 보혈 찬양 〈유월절 어린양의 피로〉를 부릅시다.
다른 보혈 찬양을 부르면서 함께 중보로 기도합시다.

> 유월절 어린양의 피로 나의 삶의 문이 열렸네
> 저 어둠의 권세는 힘이 없네 주 보혈의 능력으로
> 원수가 나를 정죄할 때에도 난 의롭게 설 수 있네
> 난 더 이상 정죄함 없네 난 주 보혈 아래 있네
> 난 주 보혈 아래 있네 그 피로 내죄 사했네
> 하나님의 승흘 날 거룩케 하시었네 난 주 보혈 아래 있네
> 난 원수의 어떠한 공격에도 더 이상 넘어지지 않네
> 난 주 보혈 아래 있네

6 보혈찬송 가사 적기

아래의 보혈찬송의 가사를 찾아서 적고 그 의미를 함께 나누어봅시다.

내주의 보혈은 :

....

....

구주의 십자가 보혈로 :

....

....

죄에서 자유를 얻게 함은 :

....

....

변찮는 주님의 사랑과 :

....

....

예수 십자가에 흘린 피로서 :

....

....

나의 죄를 씻기는 :

....

....

주의 확실한 약속의 말씀 듣고 :

....

....

강물같이 흐르는 기쁨 :

....

....

나 속죄함을 받은 후 :

....

....

7 〈함께 나누는 이야기〉

아래의 이야기를 읽고 그 느낌과 결단을 함께 나눕시다.

> 잠깐, 한 가지 문제에 대해서 생각해 봅시다.
> "죄가 들어오기 전, 하나님의 형상으로 만들어진 최초의 아담과 하와의 얼굴은 어땠을까요? 그리고 세상을 창조하신 하나님의 형상은 어땠을까요?"
> 아마도 하나님은 이 세상을 지으시고 크게 웃으셨습니다.
> 그 해답을 창세기 1장에 천지 창조에서 알 수 있습니다.
> 하나님은 천지 만물을 지으시고 마침내 어땠다고 말씀하시지요?
> '심히 좋았다'라고 했습니다(창1:31).
> 여러분, 우리도 심히 좋으면 먼저 어떻게 합니까?
> 좋은데.., 시무룩한 표정, 찡그리는 표정, 심각한 표정을 짓는 사람은 없잖아요..
> 심히 좋으면, "하하하하하, 좋다!, 아-좋다~" 하지 않습니까?
> 얼굴표정을 연구한 폴 에크먼 박사는 인간은 누구나 보편적인 감정을 얼굴표정으로 나타냈는데, 감정이 뒤섞인 표정이 무려 3,000개의 얼굴 표정이 있다고 합니다.
> "얼굴을 보면 미래가 보인다."는 말이 있습니다. 그래서 면접, 채용, 상담, 인간관계, 결혼시 인상을 실제로 중요하게 봅니다.
> "복스럽게 생겼다.", "앙칼지게 생겼다."라는 말은 무엇을 보고 하는 말인가요? 그 사람의 〈얼굴 표정〉입니다.

그런데 하나님은 천지 만물을 지으시고, 특히 자신의 형상을 닮은 사람을 지으시고 심히 좋아서 웃으셨습니다.
웃으시는 하나님, 얼마나 좋습니까?

성경 〈창세기 1장 27절〉 말씀을 읽어 보십시오.
"하나님이 자기 형상 곧 하나님의 형상대로 사람을 창조하시되 남자와 여자를 창조하시고"
왜 하나님은 자신의 형상대로 사람을 창조하시고 좋아하셨습니까?
"복 받기에 합당하게 창조하였기 때문입니다"(창 1:28).
생육의 복, 번성의 복, 충만의 복, 정복의 복, 다스림의 복을 주시려고 우리를 이 땅에 출생하게 하셨습니다.

하나님의 모양과 형상대로 지음 받은 우리는 늘 기뻐해야 합니다.
미소가, 웃음이 우리의 트레이드마크(trademark)가 되어야 합니다.
웃어도 되고, 안 웃어도 되고 그럴 수 없습니다.
항상 기뻐하며 웃음이 나의 트레이드마크가 되어야 합니다.

그 해답을 〈빌립보서 4장 4절〉 말씀을 통해 확인할 수 있습니다. 그 말씀을 찾아서 아래에 적어봅시다.

....

....

....

실천과 나눔 Note

| 날짜 : | 장소 : |
| 이름 : | 시간 : |

지금 죄와 저주 상태로는 복을 받을 수 없습니다. 반드시 보혈로 죄와 저주를 덮어주시는 은혜가 있어야 합니다. 나의 죄와 저주를 몸소 짊어주신 예수님의 보혈을 의지해야 합니다. 그래야 복을 받고 부유함을 누릴 수 있습니다.

1. 죄와 저주 상태로는 복을 받을 수 없음

구약 성경 〈예레미야 2장 13절〉 말씀을 보겠습니다.

> "내 백성이 두 가지 악을 행하였나니 곧 그들이 생수의 근원되는 나를 버린 것과 스스로 웅덩이를 판 것인데 그것은 그 물을 가두지 못할 터진 웅덩이들이니라"

(1) 생수의 근원되는 나를 버린 것
- 하나님을 멀리하고 인본주의에 선 사람들은 복을 받지 못합니다.
- 생수의 근원 = 먹어도 마셔도 끊이지 않는 샘물이십니다.

(2) 물을 가두지 못할 터진 웅덩이

- 터진 웅덩이로는 부를 쌓을 수 없습니다.
- 가정과 생활에 끊임없는 환난과 곤고와 수고와 무거운 짐이 떠나지 않는 것은 죄에서 벗어나야 합니다. 터진 곳을 메꾸어야 합니다.

2 예수님이 죄를 대신 짊어지고 십자가에 못 박히셨다는 것입니다.
왜냐하면, 나를 대신해서 십자가에 못 박히시고 채찍에 맞으시고 중한 고통을 당하셔서 나를 면케 해 주신 것입니다. 그러므로 예수님의 피, 예수님의 의, 즉 보혈 없이는 복을 받을 수 없습니다. 그런데 죄 사함에는 그리스도의 피가 반드시 있어야 합니다. 피 흘림이 없으면 죄 사함도 없습니다.
다음의 두 말씀을 읽고 한 주간 암송하시어 삶에 적용해 봅시다.

롬 3:25
"이 예수를 하나님이 그의 피로써 믿음으로 말미암는 화목제물로 세우셨으니.."

....

....

엡 1:7
"우리는 그리스도 안에서 그의 은혜의 풍성함을 따라 그의 피로 말미암아 속량 곧 죄 사함을 받았느니라"

....

....

3. 죄와 저주, 가난을 짊어지신 예수님

법을 어기면, 죄의 값을 받아야 합니다. 그런데 예수님께서 대신 형벌을 받으셨습니다. 우리가 공짜로 은혜와 축복을 누리는 것은 우연히, 저절로, 공짜로 주어진 것이 아니라 예수님이 대가를 지불하셨기 때문입니다.

하나님의 아들이 육신을 입고 오셔서 몸 찢기고 피 흘리고 십자가에 모진 고난을 당하셔서 우리의 죗값을 대신 지불하셨습니다. 그렇기 때문에 우리가 예수님의 은혜로 값없이 용서받고 의롭다 함을 얻고 축복을 받게 된 것입니다.

〈갈라디아서 3장 13절〉 말씀을 봅시다.
"그리스도께서 우리를 위하여 저주를 받은 바 되사 율법의 저주에서 우리를 속량하셨으니 기록된 바 나무에 달린 자마다 저주 아래에 있는 자라 하였음이라"

(1) 율법의 저주에서 우리를 속량하셨으니
- 율법에 기준을 대면 우리 모두 저주를 받아야 마땅하나, 예수님이 대신 속량으로 은혜를 베풀어주셨습니다.

(2) 나무에 달린 자마다 저주 아래에 있는 자
- 예수님이 나를 위해 나무에 달려 저주를 받으셨습니다.
- 모든 문제를 나무 위에서 다 청산해 주셨습니다.

이 말씀에서 깨달은 은혜를 아래에 적으시고 함께 나눠봅시다.

4 보혈을 의지하면 복을 받음

예수 그리스도의 보혈은 우리를 저주에서 속량하시고 우리에게 큰 축복을 주십니다. 신약성경 〈갈라디아서 3장 14절〉 말씀을 봅시다.

"이는 그리스도 예수 안에서 아브라함의 복이 이방인에게 미치게 하고 또 우리로 하여금 믿음으로 말미암아 성령의 약속을 받게 하려 함이라"

그렇습니다. 보혈을 의지하면, 율법의 정죄와 심판, 저주와 사망에서 해방됩니다. 그리고 아브라함의 복을 받게 됩니다. 하나님의 은혜를 받게 됩니다. 그러므로 보혈은 축복입니다.

보혈 앞에서는 율법도, 질병도, 문제도, 걱정도, 근심도, 모두 사라져 버리고, 힘없이 없어져 버립니다. 보혈의 능력은 우리의 삶을 부유하게 만듭니다. 보혈을 의지함으로 부자가 됩니다.

"나는 부자다, 나는 주님 안에서 부족함이 없는 사람이다.
나는 아브라함의 축복을 받았다, 복 받은 사람이 되었습니다."

아래에 보혈을 의지하여 당신이 복을 받기 원하는 것을 적어보십시오.

....
....
....
....

보혈을 믿으십시오. 그 보혈이 우리를 대신하여 가난과 질병과 가정의 문제, 근심을 다 청산하였습니다. 아멘.

5 예수님의 승리하심

예수님이 승리하심을 보면 단 한 번에 이룬 것이 아니라 과정이 있었음을 볼 수 있습니다.
첫 번째 단계는, 희망의 단계입니다.
무슨 일을 하든지, 어떤 계획을 세우든지 우리에게는 희망의 단계가 있습니다. 야곱에게는 20년 동안 라반의 집에서 머슴살이를 하면서도 언젠가는 고향으로 돌아가겠다는 희망을 갖고 있었습니다.

두 번째 단계는, 고난, 시련, 절망의 단계입니다.
이는 타락한 찌꺼기를 제거하는 과정입니다.
곡식을 털은 농부가 키를 들어서 흔들어 채질하는 이유가 무엇입니까?

시편 23:4
내가 사망의 음침한 골짜기로 다닐지라도 해를 두려워하지 않을 것은 주께서 나와 함께 하심이라 주의 지팡이와 막대기가 나를 안위하시나이다

세 번째 단계는, 항복의 단계입니다.
이는 자아가 깨어지는 단계입니다. 교만, 탐욕, 육신의 정욕 등을 하나님께서 깨뜨리시는 단계입니다.
깨어질 수 있는 기회, 항복할 수 있는 기회를 주신 것입니다.
인간의 수단과 방법을 다 포기해 버리고 전적으로 주님께 의지하고 항복하는 단계입니다.
여기까지는 보혈의 단계입니다.

네 번째 단계는, "다 이루었다"는 부활의 단계입니다.
고난과 피 흘림이 있은 후에는 부활의 영광스러운 날입니다.
우리의 부패와 불안과 초조와 공포 그리고 질병과 문제까지 다 청산하시고 부활로 승리해 주셨습니다. 미래의 죄악까지 다 청산해 주셨습니다.

다음에 예수님께서 승리하시는 4단계의 과정을 적고 다 승리케 해 주실 기도 제목을 적어봅시다.

단계	과정	기도제목

6 〈함께 나누는 이야기〉

아래의 이야기를 읽고 그 느낌과 결단을 함께 나눕시다.

어떤 사람이 자기는 지옥으로 갈 것이라고 믿었는데, 죽어서 천국 문 앞에 가게 되었습니다. 거기엔 지옥문과 천국문 둘 다 있었습니다. 그런데 그 문 앞에는 베드로 사도가 서 있었습니다.

베드로 왈.

"어서 오게, 자네 지옥으로 갈래, 아니면 천당에 갈래?" 선택하라는 것입니다.

너무 기뻤습니다. 천국과 지옥을 자신이 선택하라는 것이었습니다. 그래서 고마웠습니다. 이왕 선택하는 것이라면, 자비를 베풀어서 지옥과 천당을 한 번씩 구경 좀 할 수 있게 해달라고 베드로 사도에게 요청을 했습니다.

베드로는 갔다 올 수 있도록 허락해 주었습니다. 먼저 천국으로 갔습니다. 그곳에는 천사들과 거룩해 보이는 사람들이 함께 찬양을 부르고 예배를 드렸습니다. 말씀 듣는 일에 몰입하고 있었습니다. 모두 경배의 모습이었습니다. 그런데 너무 지루하고 따분했습니다. 심심해서 더 이상 머물 수 없었습니다. 그래서 지옥을 구경하게 되었습니다. 지옥은 화려했고, 근사했습니다. 술집도 많았고, 여자들도 있었습니다. 오락실은 기본이고 카바레에서는 춤을 추며 뜨겁게 보내고 있었습니다. 좋은 것들이 가득했습니다.

그래서 베드로에게 가서 말하기를, "나는 아무래도 지옥 체질이라서 지옥에 남겠다."고 하였습니다. 결국 지옥 안으로 들어가게 되었습니다. 그런데 조금 전에 갔던 곳이 아니라 아주 뜨거운 곳에서 일을 하라는 것이었습니다.
그래서 베드로에게 가서 물었습니다.
"분명 지난번에 왔던 곳과는 다르다."고 했더니,
베드로가 친절하게 설명해 주었습니다.
"그때는 관광비자로 왔고,
이번에는 영주권으로 왔기 때문에 다르다."는 것이었습니다.

여러분, 천국은 아무나 가는 곳이 아니라 천국체질이어야 갈 수 있습니다.
천국이 지루하면 못 있습니다. 천국은 찬양, 말씀, 예배, 기도…
경배가 즐거워야 합니다.
여러분, 모두가 천국체질이 되기를 바랍니다.
예배가 기대되고 설레이면서 기쁨으로 가득하기를 바랍니다.

실천과 나눔 Note

● 보혈 용어정리 ●

피

모든 인간은 피로 인하여 육체적인 생명을 갖게 된다. 피는 신체의 한 부분에 제한되어 있지 않고 몸 전체에 자유롭게 흐르고 있으며 고정된 조직에 영양분을 공급하고 노폐물을 제거해 준다. 피는 몸의 모든 세포에게 생명을 준다.

성경적으로 피는 인간의 죄를 대신하는 희생 제물로서 죄 없는 피로 간주되었다. 그분이 바로 예수 그리스도이시다.

십자가

십자가가 그리스도의 상징으로 쓰이고 있는 것은 그리스도가 모든 사람의 죄를 대속(代贖)하기 위하여 십자가에 달려 죽었기 때문이다. 그러나 십자가는 그리스도교가 출현하기 훨씬 전에 고대민족 사이에서 종교적인 상징으로 쓰이고 있었다. 예를 들면, 바빌로니아인(人)이나 칼데아인은 하늘의 신인 아누(Anu)의 상징으로서 등변십자가(그리스식 십자가)를 사용하였다. 십자가를 중죄인에 대한 책형(磔刑)의 도구로 사용하기는 페니키아인(人)이 최초라고 추정한다.

보혈(寶血)

예수께서 십자가에서 흘리신 고귀한 피를 의미한다. 죄인들을 위해 십자가에서 자기 몸을 아낌없이 내어주신 예수님의 구원의 은혜를 상징한다. 이 보혈의 공로로 그리스도인들이 구원을 얻었다(벧전1:18-19).

구속(救贖)

아담이 죄로 타락한 이후로 인류는 죄에 사로 잡혀 죄의 노예로 살아왔다. 그래서 인류의 모든 사람은 죄의 상태, 즉 값을 치르고 구속을 받지 않는 한 영원한 지옥에 떨어지게 되어 있었다. 그러나 하나님의 사랑과 긍휼로 인해 사람은 죄의 노예에서 구속을 받았다.
로마서 6장 23절은 "죄의 삯은 사망"이라고 선언한다.

첫 번째 희생

사람이 죄를 범한 후 하나님께서 짐승을 준비하셨고 그것의 피를 흘리셨으며 아담과 하와의 벌거벗은 것을 덮어 주기 위해 그것의 가죽을 사용하신다.
성경에 기록된 첫 번째 희생은 창세기 3장 21절에 있다.
이 구절이 다음의 세 가지 사실을 가르치고 있음을 발견할 수 있다.
하나, 구원은 반드시 주님으로부터 나온다.
둘, 구원은 반드시 죄 없는 대속물의 죽음에 의해 이루어져야만 한다.
셋, 구원은 반드시 피에 의해 이루어져야만 한다.

대적(對敵)

예수님께서는 사탄을 '원수'라 부르셨다. 씨 뿌리는 사람에 대한 비유에서 예수님은 이렇게 말씀하셨다.
마태복음 13장 24-25절 말씀이다. "예수께서 그들 앞에 또 비유를 들어 이르시되 천국은 좋은 씨를 제 밭에 뿌린 사람과 같으니 사람들이 잘 때에 그 원수가 와서 곡식 가운데 가라지를 덧뿌리고 갔더니"
나중에 예수님께서는 이 비유를 설명하시면서 이 '원수'가 누구인지 설명해 주셨다(마 13:37-39).
마귀인 사탄은 하나님의 원수이며 당신과 저의 원수이다.
그러므로 대적(對敵)은 곧 원수이다.

채찍

채찍은 로마시대에 가장 잔인한 처벌 도구이다. 범죄자들에게 극도의 고통을 가하는 데 채찍을 사용한다. 채찍은 9개의 끈을 단 채찍이다. 일반적으로 채찍 끈에는 뾰족한 금속이나 날카로운 뼈 조각을 달은 가죽 끈이다. 채찍에 맞은 몸은 즉시 붉은 피로 물든다. 살을 찢어 떼어낸다. 찢겨진 살조각들이 등에 너덜하게 붙어 있고 상처마다 많은 피가 흘러내린다.

대속죄일

대속죄일은 희생 제사제도이다. 히브리어는 '키페르'라고 한다. 이스라엘 모든 백성이 하나님 앞에 나와서 자신의 죄를 회개하고 죄를 용서받기 위하여 하나님의 도움을 간절히 구하는 날이다(레 16:2)
대속죄일에 있어서 중심이 되는 것은 두 마리의 숫염소이다. 한 마리는 희생 제물로 드려지고 그 피는 지성소에 뿌려진다. 또 한 마리는 죄를 전가시키고 광야로 끌고 가서 사람이 없는 곳에 놓아 준다.

속죄

속죄의 문자적 의미는 '덮다', '감추다', '화해하다', '일치하다'라는 뜻을 가지고 있다. 즉 예수님이 우리를 대신하여 속죄 제물이 되어 주셨다는 것이다.

번제

제물을 불에 태워 그 향기로 하나님을 기쁘시게 해드리는 제사이다. 즉 번제단 위에서 희생이 되는 짐승은 그 가죽을 제외한(가죽은 제사장의 몫이었음, 레 7:8) 모든 것을 거룩한 불에 완전히 태워 그 향기(연기)로 하나님께 드리는 제사를 말한다(레 1:2-9).

속죄제

속죄제는 히브리어로 '하타트'라고 한다. 그 의미는 '과녁을 못 맞히다, 빗나가다'의 뜻을 담고 있다. 속죄제는 하나님을 위하여 드리는 제사가 아니라 자신의 죄를 사함 받기 위하여 드리는 제사이다. 속죄제는 도덕적 허물뿐만 아니라 해산이나 나병과 같은 의식적(儀式的)인 부정으로부터 정결함을 얻기 위해서도 행해졌다.

속건제

하나님께 바쳐진 제물이나 성물에 대해 율법을 알지 못하여, 혹은 실수로 죄를 범했을 때(레 5:15), 인간관계에서 상대방에게 해를 끼쳤을 때(삼상 6:3; 왕하 12:16) 죄를 속하기 위해 드리는 제사이다. 속건제는 배상함으로 관계를 개선하는 한편 허물에 대한 속죄의 의미를 갖는 제사라 할 수 있다.

화목제

히브리어로 '쉘렘'인데 '온전하다', '끝내다'는 뜻에서 유래된 말이다. 하나님과 인간 사이의 분쟁을 종식하고 화평과 친교와 연합이 이뤄졌음을 감사하여 드리는 제사다(출 20:24; 레 3:1-17). 감사제, 서원제, 자원제가 여기에 속한다.

제사장

제사장의 역할을 보면 우선 백성들로 하여금 희생 제사를 통해 죄를 사함 받도록 돕는 것이다. 제사장의 가장 중요한 임무는 백성들이 가져온 희생 제물을 하나님께 바치는 것이다. 그리고 제사장은 제단에 있는 불이 꺼지지 않도록 하는 것이 중요한 역할이다.

성막

성막은 이스라엘 백성들이 예배와 제사의 목적으로 세워졌다. 성막 바깥 뜰에는 번제단이 위치하고 있다. 성소 쪽으로 물두멍이 있으며, 성소 안에는 금향단과 떡상, 촛대가 있다. 휘장 안쪽으로는 지성소가 있다. 거룩한 곳인 지성소에는 증거궤(언약궤)가 놓여있다. 언약궤는 안팎이 순금으로 싸여졌다. 언약궤 덮개는 시은좌(은혜를 베푸는 자리) 또는 속죄소(그리스도의 구속의 은혜에 대한 예표)라고 불린다.

〈예수님의 보혈 관련도서 및 추천 참고도서 안내〉

예수님의 보혈의 능력, 앤드류 머리, 역: 원광연, 크리스찬 다이제스트(2001).
그리스도의 보혈, 앤드류 머리, 역 편집부, 보이스사(1992).
예수님의 보혈, 베니 힌, 역: 오복수, 은혜출판사(1994).
보혈의 능력, 메어리 K. 백스터, 역: 김유진, 은혜출판사(2013).
이기는 대적기도200, 정병태, 한덤북스(2011).
신적치유기도, 정병태, 한사랑문화대학사(2013).
기도수첩, 정병태, 은혜출판사(2009).
예수의 피, 심관섭, 솔로몬(2005).
뉴 보혈은 기적이다, 심상태, 세움과 비움(2013).
보혈은 기적이다, 심상태, 세움과 비움(2014).
보혈은 기적이다2, 심상태, 세움과 비움(2013).
보혈의 은혜, 조용기, 서울말씀사(2006).
귀신을 쫓는 영적인 사람들, 허철, 은혜출판사(1994).
예수의 놀라운 이름, 케네스 해긴, 역: 오태용, 베다니출판사(2009).
종교에 매이지 않은 그리스도인, F. 리데나워, 역: 정창영, 생명의 말씀사.
방언 정말 하늘의 언어인가?, 옥성호, 부흥과개혁사.
예수님의 피, 알 레이시 외, 역: 정동수, 그리스도 예수 안에(2009).
네이버 지식백과, 라이프성경사전, 생명의 말씀사(2006).
가장 위대한 능력 보혈, 마헤쉬 차브다, 규장(2007).
날마다 보혈을 체험하라, 이창규, 예찬사(2013).
보혈의 신비, 조용기, 서울말씀사(2004).
보혈의 능력, H.A 멕스웰화이트, 역 엄성옥, 은성(1991).
내 이름으로 사악한 적을 추방하라, 이윤호, 베다니출판사.
영적권세를 사용하라, 찰스 캡스, 역: 최기운, 베다니출판사.
기도는 전투다, C. 피터 와그너, 역: 명성훈, 서로사랑.
그 능력의 근원, 베니 힌, 역: 김유진, 은혜출판사.
치유기도, 손기철, 규장.
가게 저주, 이윤호, 베다니출판사.
사악한 영을 대적하라, 찰스 크래프트, 역: 이윤호, 은혜출판사.